日本語のひろば
Nihongo no Hiroba vol.1

第1巻

「日本語のひろば」編集委員会　著

朝日出版社

まえがき

　この「日本語のひろば」には6人の学生が登場します。アメリカからはスミス（男）さん、フランスからはブレル（女）さん、中国からは王（男）さん、韓国からはキム（女）さん、ベトナムからはハー（女）さん、そして日本からは田口（男）さんです。

　6人は「日本語のひろば」で日本語を通して、おたがいのコミュニケーションを深めていきます。そして、アルバイトをしたり、旅行をしたりして、日本の生活を経験します。

　どうぞあなたもこの「日本語のひろば」で日本語を学び、いろいろな国の人とコミュニケーションしてください。

　　　　　　　　　　　　　　　　　　「日本語のひろば」編集委員会

本書の使い方

　この「日本語のひろば」は全１５課で、日本語教育の初級前半をカバーしています。各課(ひろば)の構成は(1)会話(本文)ページ、(2)文型ページ、(3)練習ページからなっています。練習ページは次のようにわかれています。

　　①②　　　　　　代入練習
　　③④　　　　　　表記・文づくり練習
　　⑤⑥⑦⑧⑨⑩　　聴解練習
　　⑪⑫　　　　　　読解練習
　　⑬⑭⑮⑯　　　　パートナーとの口頭練習
　（課によって、異なる場合もあります）

　また、教授用資料として、教え方を説明した「教師の手引き」を用意しました。
　さらにCD（別売）には、会話ページ・聴解練習ページを収録しました。
　なお、各課の学習時間は、普通の進度で１ページ９０分、毎日４時間、週５日のペースで、約３ヵ月です。スピードをあげる場合は、１ページ５０分、毎日４時間、週５日ペースで、約２ヵ月です。

目次

まえがき
本書の使い方
主な登場人物の紹介　　　　　　　　　　　　1
ひらがなのひろば　　　　　　　　　　　　　2
カタカナのひろば　　　　　　　　　　　　　6

ひろば　1 —— 成田空港　　　　　　　　　10
ひろば　2 —— 学校で　　　　　　　　　　20
ひろば　3 —— 東京　　　　　　　　　　　30
ひろば　4 —— 学校の寮　　　　　　　　　40
ひろば　5 —— コンビニで　　　　　　　　50
ひろばで休もう　1　　　　　　　　　　　60
ひろば　6 —— 食堂で　　　　　　　　　　62
ひろば　7 —— 交番で道をきく　　　　　　72
ひろば　8 —— アパートをひっこす　　　　82
ひろば　9 —— 病気　　　　　　　　　　　92
ひろば 10 —— アルバイト　　　　　　　102
ひろばで休もう　2　　　　　　　　　　112
ひろば 11 —— 携帯電話　　　　　　　　114
ひろば 12 —— スポーツクラブ　　　　　124
ひろば 13 —— 自動車学校　　　　　　　134
ひろば 14 —— 正月　　　　　　　　　　144
ひろば 15 —— パソコンを買う　　　　　154
ひろばで休もう　3　　　　　　　　　　164

索引　　　　　　　　　　　　　　　　　166
漢字の筆順一覧　　　　　　　　　　　　170

主な登場人物の紹介

スミスさん
アメリカ（男）

ブレルさん
フランス（女）

王さん
中国（男）

キムさん
韓国（女）

ハーさん
ベトナム（女）

田口さん
日本（男）

ひらがなのひろば

 CD ①-2

あ		あ		た		た		ま		ま
い	い	い		ち		ち		み	み	み
う		う		つ		つ		む		む
え		え		て		て		め		め
お		お		と		と		も		も
か		か		な		な		や		や
き		き		に		に		ゆ		ゆ
く	く			ぬ		ぬ		よ		よ
け		け		ね		ね		ら		ら
こ		こ		の	の			り		り
さ		さ		は		は		る	る	
し	し			ひ	ひ			れ		れ
す		す		ふ	ふ	ふ		ろ	ろ	
せ		せ		へ	へ			わ		わ
そ	そ			ほ		ほ		を		を
								ん	ん	

が	ぎ	ぐ	げ	ご
ざ	じ	ず	ぜ	ぞ
だ	ぢ	づ	で	ど
ば	び	ぶ	べ	ぼ
ぱ	ぴ	ぷ	ぺ	ぽ

きゃ	きゅ	きょ
しゃ	しゅ	しょ
ちゃ	ちゅ	ちょ
にゃ	にゅ	にょ
りゃ	りゅ	りょ

きゅう	しゅう
ちゅう	りゅう
きょう	しょう
ちょう	りょう

ひらがな（基本単語）

CD ①-3

1. しんかんせん ／ えき ／ とけい ／ いす
2. しんぶん ／ まど ／ めがね ／ かばん
3. きっぷ ／ ざっし ／ がっこう ／ きって
4. でんしゃ ／ じこくひょう ／ きゅう ／ じゅう

ひらがな練習①

1. 下の絵を見て、ひらがなを書きなさい。

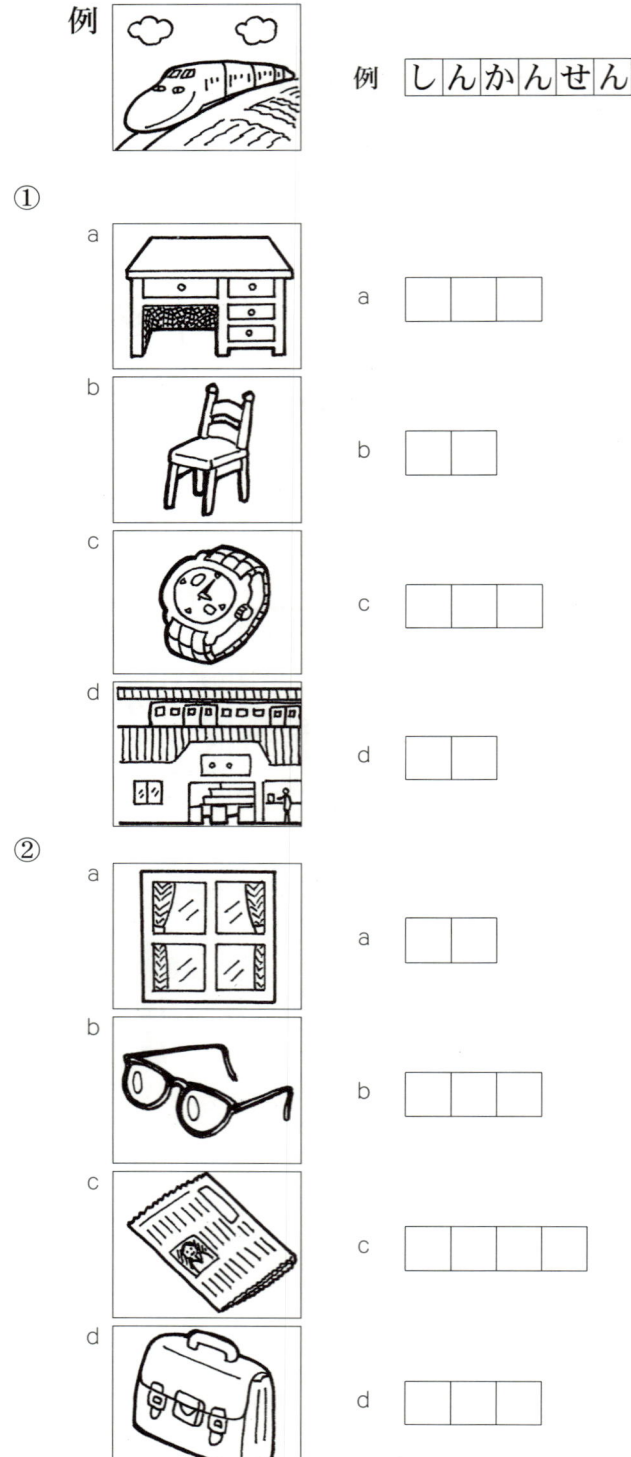

例 | し | ん | か | ん | せ | ん |

ひらがな（基本単語）

③

a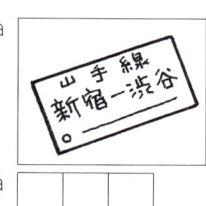
a ☐☐☐

b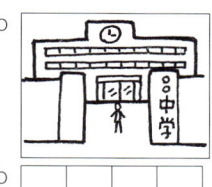
b ☐☐☐☐

c
c ☐☐☐

d
d ☐☐☐

④

a
a ☐☐☐

b
b ☐☐☐☐☐

c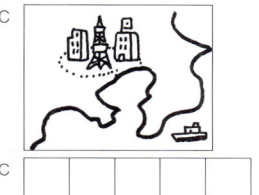
c ☐☐☐

d
d ☐☐☐☐☐

ひらがな練習②

 CD ①-4

2. CDを聞いて、ひらがなを書きなさい。

a _____ i _____

b _____ j _____

c _____ k _____

d _____ l _____

e _____ m _____

f _____ n _____

g _____ o _____

h _____ p _____

カタカナのひろば

 CD ①-5

ア	̄	ア		タ	ノ	ク	タ	マ	̄	マ
イ	ノ	イ		チ	ー	ニ	チ	ミ	̄	ミ
ウ	˙	˙	ウ	ツ	˙	˙	ツ	ム	∠	ム
エ	ー	T	エ	テ	ー	ニ	テ	メ	ノ	メ
オ	ー	ナ	オ	ト	l	ト		モ	ー	ニ	モ
カ	フ	カ		ナ	ー	ナ		ヤ	̄	ヤ
キ	ー	ニ	キ	ニ	ー	ニ		ユ	フ	ユ
ク	ノ	ク		ヌ	フ	ヌ		ヨ	フ	ヨ
ケ	ノ	ト	ケ	ネ	ヲ	ネ		ラ	ー	ラ
コ	フ	コ		ノ	ノ			リ	l	リ
サ	ー	十	サ	ハ	ノ	ハ		ル	ノ	ル
シ	˙	˙	シ	ヒ	ー	ヒ		レ	レ	
ス	フ	ス		フ	フ			ロ	l	ロ
セ	ー	セ		ヘ	ヘ			ワ	ー	ワ
ソ	˙	ソ		ホ	ー	十	ホ	ヲ	フ	ヲ
								ン	˙	ン

ガ	ギ	グ	ゲ	ゴ		キャ	キュ	キョ		フィ フェ フォ
ザ	ジ	ズ	ゼ	ゾ		シャ	シュ	ショ		ティ
ダ	ヂ	ヅ	デ	ド		チャ	チュ	チョ		ウィ
バ	ビ	ブ	ベ	ボ		ニャ	ニュ	ニョ		
パ	ピ	プ	ペ	ポ		リャ	リュ	リョ		

カタカナ（基本単語）

1. カメラ　アメリカ　トイレ　ナイフ
2. ドア　ビル　ペン　テレビ
3. カセット　コップ　スイッチ　ヨット
4. カーテン　コーヒー　タワー　ジュース

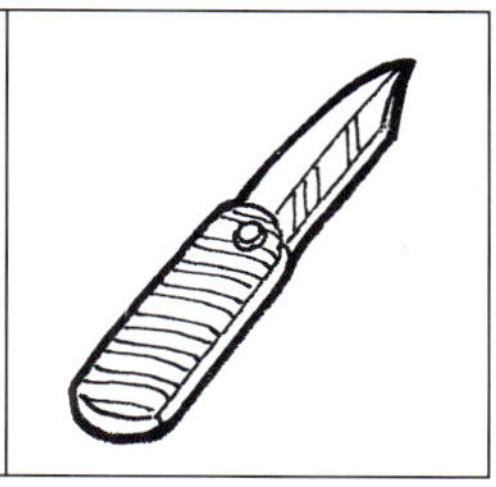

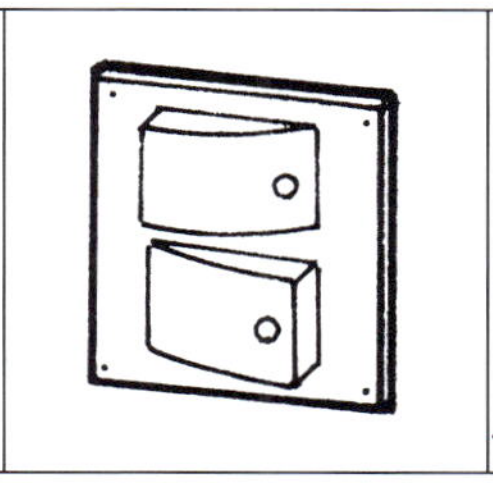

カタカナ練習①

1. 下の絵を見て、カタカナを書きなさい。

例 | カ | メ | ラ |

①
a. □□□□
b. □□□
c. □□□
d. □□□

②
a. □□
b. □□
c. □□
d. □□

カタカナ（基本単語）

③
a 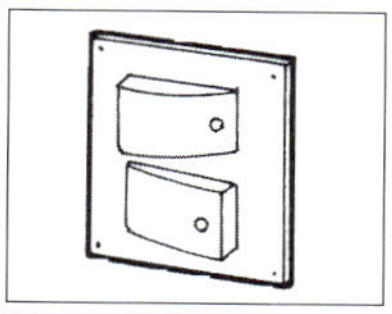
a ☐☐☐☐

b 
b ☐☐☐☐

c 
c ☐☐☐

d 
d ☐☐☐☐

④
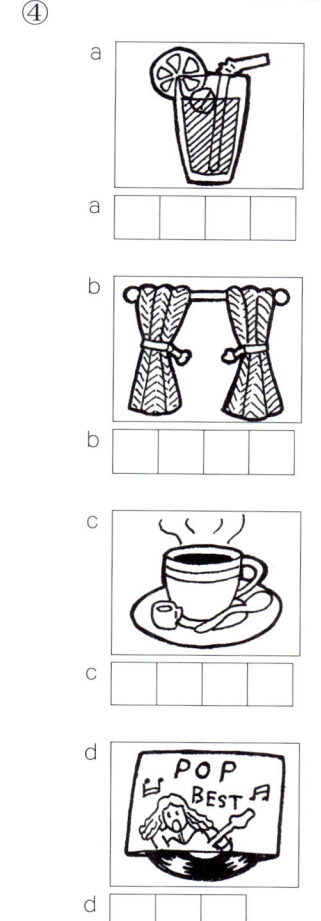
a
a ☐☐☐

b
b ☐☐☐☐

c
c ☐☐☐☐

d
d ☐☐☐☐

　　　　カタカナ練習②

 CD ①-7

2.　CDを聞いて、カタカナを書きなさい。

a _____   i _____

b _____   j _____

c _____   k _____

d _____   l _____

e _____   m _____

f _____   n _____

g _____   o _____

h _____   p _____

ひろば 1　成田空港(なりたくうこう)

CD ①-8

田口：こんにちは。私(わたし)は田口(たぐち)です。はじめまして。
スミス：こんにちは。私(わたし)はスミスです。はじめまして。
キム：私(わたし)はキムです。
王：私(わたし)は王(おう)です。これはおみやげです。
田口：どうもありがとうございます。これはなんですか。
王：それはおちゃです。
田口：これはだれのかばんですか。
スミス：それは私(わたし)のかばんです。
田口：これもあなたのかばんですか。
スミス：それはかのじょのかばんです。
キム：いいえ、私(わたし)のかばんはあおいです。

文　型

これ それ あれ	は/も			ほん なん	です	か

わたし（たち） あなた（たち） かれ（ら） かのじょ	は			がくせい	です	か

これ それ あれ	は	わたし あなた かれ	の	ほん/かばん	です	か

わたし あなた かれ	の	くつ	は	くろい	です	か

文　法

これは本 です → これは本です か
これは本 です → これは本 ではありません

用　法

なん／だれ／〜の〜

[新しいことば]

　空港（くうこう）／こんにちは／はじめまして／おみやげ
　どうもありがとうございます／おちゃ

練 習

① [　　] の中に言葉を入れていいなさい。

a. これは　　[　　　　　　　]　です。　　　　[つくえ　椅子　ざっし　しんぶん]

　　それは　　[　　　　　　　]　です。　　　　　　　[本　椅子　切符　切手]

　　あれは　　[　　　　　　　]　です。　　　　　　　　　　[木　駅　電車]

b. これはとけいです。

　　これも　[　　　　　　]　です。　　　　　　　　[椅子　ざっし　しんぶん]

② [　　] の中に言葉を入れていいなさい。

a. 私は　[　　　　　　]　です。　　　　　　　[キム　ハー　スミス　王]

　　あなたは　[　　　　　　]　さんです。　　　[キム　ハー　スミス　王]

　　彼は　[　　　　　　]　さんです。　　　　　　[本田　豊田　鈴木]

　　私は　[　　　　　　]　です。　　　　　　　[学生　運転手　会社員]

　　彼は　[　　　　　　]　です。　　　　　　[会社員　学生　おまわりさん]

b. これは　[　　　　　　]　のかばんです。　　　　　[私　あなた　彼]

　　それは　[　　　　　　]　さんのかばんです。　　　[王　ブレル　ハー]

　　私のかばんは　[　　　　　　]　です。　　[くろい　あかい　しろい　あおい]

書く

③ 左の単語をひらがなで書きなさい。

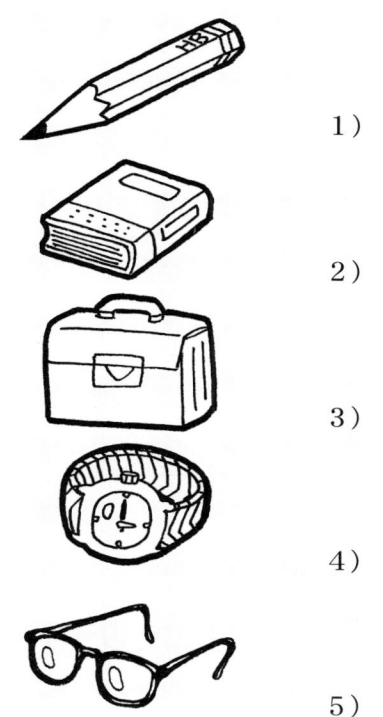

1)

2)

3)

4)

5)

④ ひらがなを書きなさい。

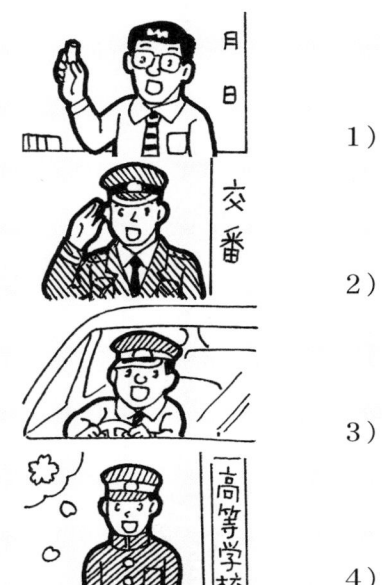

1)

2)

3)

4)

聞く

 CD ①-9/CD ①-10

⑤ CDを聞いて、正しい答えをえらびなさい。　　CD ①-9

1) (　　　)
2) (　　　)
3) (　　　)
4) (　　　)

⑥ CDを聞いて、正しい答えをえらびなさい。　　CD ①-10

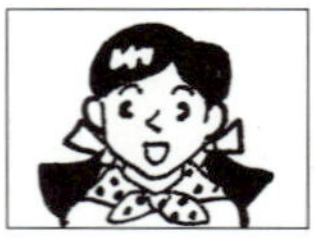

1) (　　　)

  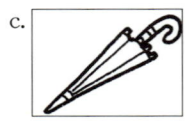 

2) (　　　)

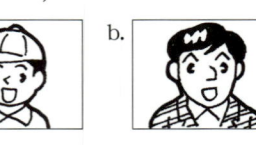  

3) (　　　)

4) (　　　)

じゅうし

聞く

 CD ①-11/CD ①-12

⑦ CDを聞いて、順番をつけなさい。　　CD ①-11

⑧ CDを聞いて、順番をつけなさい。　　CD ①-12

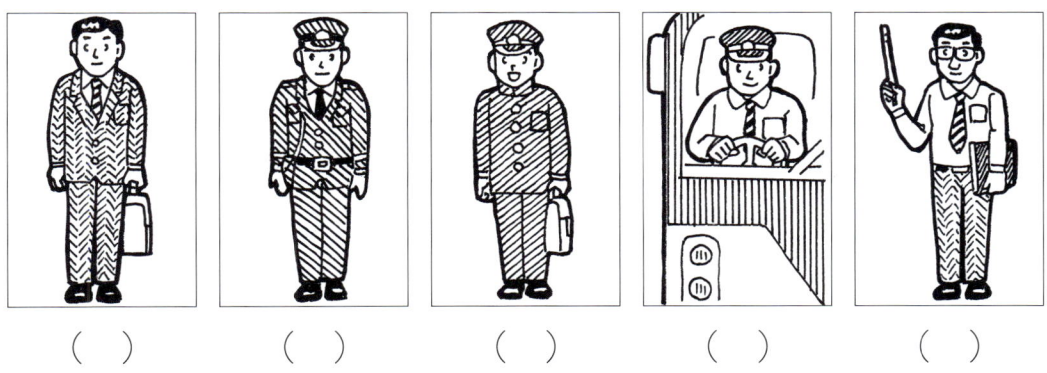

成田空港

じゅうご　15

聞く

 CD ①-13/CD ①-14

⑨ CDを聞いて、正しい答えをえらびなさい。　　CD ①-13

1） a. はい、それはほんです。
　　b. いいえ、あなたはがくせいです。
2） a. はい、それはざっしです。
　　b. いいえ、あなたはたなかさんです。
3） a. はい、それはしんぶんです。
　　b. いいえ、これはしんぶんではありません。
4） a. はい、それはじしょです。
　　b. いいえ、これはじしょではありません。
5） a. はい、これもしんぶんです。
　　b. いいえ、これもしんぶんではありません。

⑩ CDを聞いて、正しい答えをえらびなさい。　　CD ①-14

1） a. はい、そうです。
　　b. いいえ、それはほんではありません。
2） a. はい、そうです。
　　b. いいえ、じしょではありません。
3） a. はい、あなたはキムさんです。
　　b. いいえ、キムさんではありません。
4） a. はい、これはわたしのかばんです。
　　b. いいえ、それはわたしのかばんではありません。
5） a. はい、そうです。
　　b. いいえ、これもあなたのかばんではありません。

⑪ 下の文を読んで、質問に答えなさい。

> 彼はスミスさんです。
> スミスさんは学生です。
> かのじょはリーさんです。
> かのじょは会社員です。

質問

1) 彼はだれですか。

　　　　　　　　　　　　　　　　　　　　

2) 彼は会社員ですか。

　　　　　　　　　　　　　　　　　　　　

3) かのじょは学生ですか。

　　　　　　　　　　　　　　　　　　　　

⑫ 下の文を読んで、質問に答えなさい。

> キム：田口さん。それはなんですか。
> 田口：かさです。
> キム：あなたのかさですか。
> 田口：はい、そうです。私のかさはくろいです。
> 　　　あなたのかさもくろいですか。
> キム：いいえ。私のかさはあかいです。

質問

1) かさはだれのかさですか。

　　　　　　　　　　　　　　　　　　　　

2) 田口さんのかさはあかいですか。

　　　　　　　　　　　　　　　　　　　　

3) キムさんのかさはくろいですか。

パートナー

⑬ 絵を見て、右ページのパートナーに質問しなさい。

1) これはなんですか。

2) それは＿＿＿＿＿＿です。

3) あれはなんですか。

4) あれは＿＿＿＿＿＿です。
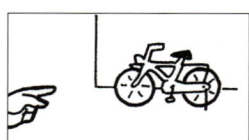

⑮ 絵を見て、右ページのパートナーに質問しなさい。

1) あなたはだれですか。
2) 私は＿＿＿＿＿＿です。
3) 彼はだれですか。

4) かのじょは＿＿＿＿＿＿＿＿です。

5) これはだれのかばんですか。

6) あれは＿＿＿＿＿＿＿のじてんしゃです。

18　じゅうはち

⑭ 絵を見て、左ページのパートナーに質問しなさい。

1）それは_____です。

2）これはなんですか。

3）あれは_____です。

4）あれはなんですか。

⑯ 絵を見て、左ページのパートナーに質問しなさい。

1）私は_____です。
2）あなたはだれですか。
3）彼は_____です。

4）かのじょはだれですか。

5）それは_____のかばんです。

6）あれはだれのじてんしゃですか。

ひろば 2　学校で

CD ①-15

田口：ここは私たちの学校です。
ハー：この学校は大きいですね。
田口：ここは教室です。
スミス：私たちの教室はA－1です。
キム：広い教室ですね。
ブレル：こんにちは。
王：あ、こんにちは。
キム：あなたは韓国人ですか。
王：いいえ、中国人です。あなたは？
キム：私は韓国人です。どうぞよろしく。
スミス：私はスミスです。アメリカ人です。彼女はブレルさんです。
ブレル：はじめまして。ブレルです。どうぞよろしく。
田口：ハーさん、階段はあそこです。
ハー：トイレは？
田口：トイレはそこです。

文　型

その あの	かばん	は	おおきい		です	か

これ それ あれ		は	あかい	くつ	です	か

ここ そこ あそこ		は	ひじょうぐち		です	か

でぐち		は	ここ そこ あそこ		です	か

これ		は	日本 どこ	の	おかね	です	か

文　法

おおき<u>い</u>→おおき<u>くありません</u>

この本はおもしろいです→この本は<u>おもしろい</u>本です

用　法

どんな／どこ

ながい／みじかい　　おもい／かるい　　はやい／おそい

ひろい／せまい　　　たかい／ひくい　　むずかしい／やさしい

いい／わるい　　　　おいしい／まずい　あたらしい／ふるい

[新しいことば]

教室（きょうしつ）／学校（がっこう）／韓国（かんこく）
中国（ちゅうごく）／〜人（じん）／階段（かいだん）

練　習

① [　　　] の中に言葉を入れていいなさい。（必要なとき、形を変えなさい）

　a．この　　[　　　] はあかいです。　　　　　　[えんぴつ　本　くつ　かばん]

　　　その　　[　　　] はおもしろいです。　　　　　　[本　ざっし　まんが]

　b．これは　[　　　] 本です。　　　　　[おもしろい　いい　おおきい　おもい]

　　　このえんぴつは　[　　　] です。　　[ながい　みじかい　きいろい　あかい]

　c．この本は　[　　　] くありません。　　　[おもしろい　たかい　いい　おもい]

　d．やまださんのじどうしゃはどんなじどうしゃですか。

　　　やまださんのじどうしゃは　[　　　] じどうしゃです。

　　　　　　　　　　　　　　　　　　　　　　　　　　　　[くろい　あたらしい　ふるい]

② [　　　] の中に言葉を入れていいなさい。

　a．ここは　[　　　] です。　　　　　　　[教室　学校　へや　こうえん]

　b．ここは　[　　　] です。　　[しんじゅく　とうきょう　よこはま　おおさか]

　c．[　　　] はどこですか。

　　　　　　　　　　　　　　[いりぐち　うけつけ　エレベーター　階段　トイレ]

　　　あそこです。

　d．これはどこのおかねですか。

　　　それは　[　　　] のおかねです。　　　　　[日本　アメリカ　韓国　中国]

書く

③ A. はんたいのことばを書きなさい。

おおきい ⇔ (　　　　　)
たかい　 ⇔ (　　　　　)
いい　　 ⇔ (　　　　　)
はやい　 ⇔ (　　　　　)
おいしい ⇔ (　　　　　)

B. 絵を見て書きなさい。

1)
2)
3)
4)
5)

1)

2)

3)

4)

5)

④ 絵を見て書きなさい。

1) ここは

2) ここは

3) ここは

4) ここは

5) ここは

学校で

にじゅうさん　23

 CD ①-16/CD ①-17

⑤ CDを聞いて、正しい答えに○をつけなさい。　　CD ①-16

1)　a. おいしいりんご
　　b. おおきいりんご
2)　a. あおいほん
　　b. あかいほん
3)　a. くろいふく
　　b. きいろいふく
4)　a. あたらしいじどうしゃ
　　b. あかいじどうしゃ
5)　a. あかいペン
　　b. ながいペン

⑥ CDを聞いて、正しい答えに○をつけなさい。　　CD ①-17

1)　a. ひびや
　　b. しぶや
2)　a. おかちまち
　　b. おちゃのみず
3)　a. おかやま
　　b. わかやま
4)　a. へや
　　b. きょうしつ
5)　a. みせ
　　b. がっこう
6)　a. レストラン
　　b. コンビニ

聞く

 CD ①-18/CD ①-19

⑦ CDを聞いて、正しい答えに○をつけなさい。　CD ①-18

1) a. くつ　　　b. かばん　　c. 本
2) a. かさ　　　b. かばん　　c. 本
3) a. ごはん　　b. おかし　　c. パン
4) a. ジュース　b. のみもの　c. コーヒー
5) a. おちゃ　　b. スープ　　c. ぎゅうにゅう

⑧ CDを聞いて、番号をつけなさい。　CD ①-19

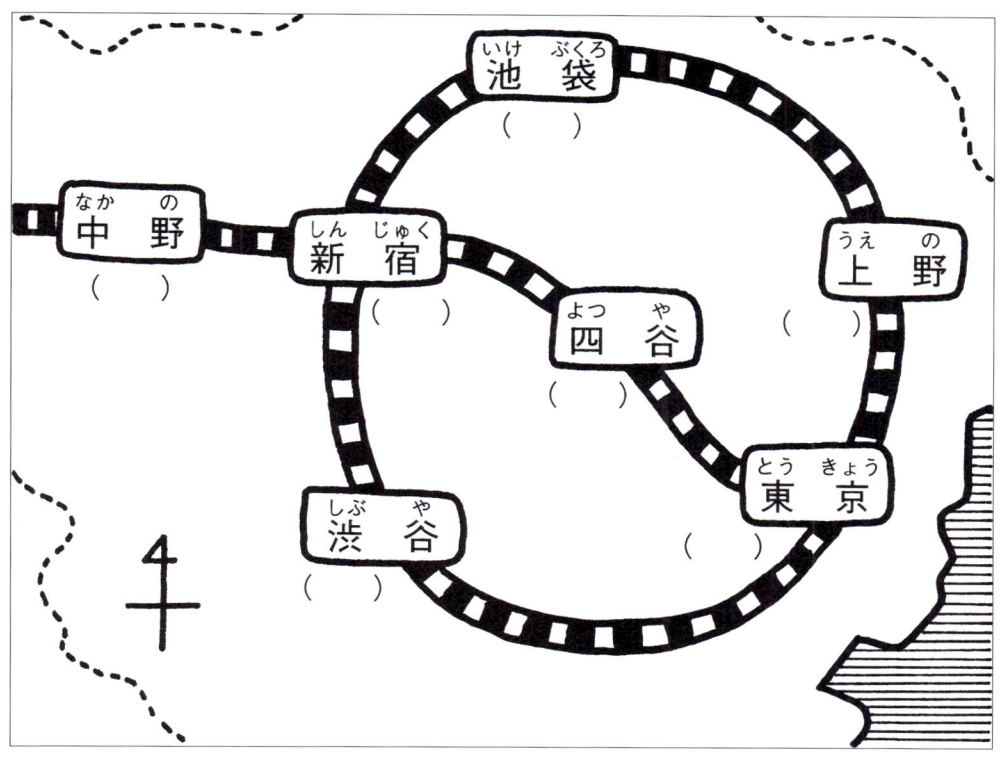

⑨ CDを聞いて、右と左をむすびなさい。　　CD ①-20

あつくありません・

a.

つめたくありません・

b.

ふるいです・

c.

かたいです・

d.

つめたいです・

e.

⑩ CDを聞いて、番号をつけなさい。　　CD ①-21

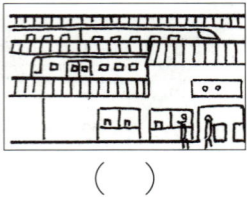
(　)

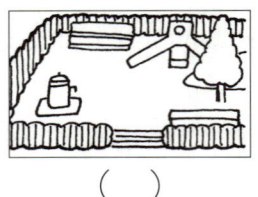
(　)

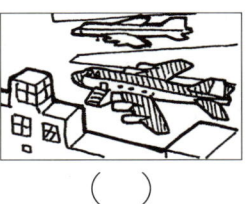
(　)

(　)

(　)

(　)

⑪ 下の文を読んで、質問に答えなさい。

> 私(わたし)はハーです。
> ベトナム人です。
> 私(わたし)は学生(がくせい)です。
> 私(わたし)の学校(がっこう)は大(おお)きい学校(がっこう)です。
> 学校(がっこう)の本(ほん)はむずかしいです。
> やさしくありません。
> 私(わたし)の部屋(へや)は大(おお)きくありません。
> せまい部屋(へや)です。

質問

1) ハーさんの国(くに)はどこですか。

　　　　　　　　　　　　　　　　　-------------------------------

2) ハーさんは先生(せんせい)ですか。

　　　　　　　　　　　　　　　　　-------------------------------

3) かのじょの学校はどんな学校ですか。

　　　　　　　　　　　　　　　　　-------------------------------

4) 学校の本はやさしいですか。

　　　　　　　　　　　　　　　　　-------------------------------

5) かのじょの部屋はどんな部屋ですか。

　　　　　　　　　　　　　　　　　-------------------------------

⑫ 上の文を読んで、あなたの文を書きなさい。

私は_____です。
_____人です。
私は_____です。
私の学校は_____学校です。
学校の_____は_____です。
_____くありません。
私の_____は_____くありません。
_____い_____です。

パートナー

⑬ 右ページのパートナーに質問しなさい。

1）あなたの部屋はどんな部屋ですか。

2）わたしの部屋は_____です。

3）あなたのくにはどんなくにですか。

4）私のくには_____です。

5）あなたはなに人ですか。

6）私は_____人です。

⑮ 絵を見て、右ページのパートナーに質問しなさい。

1）ここはどこですか。

2）ここは_____です。

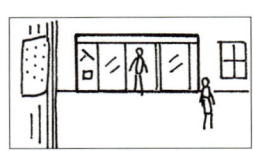

3）いりぐちはどこですか。

4）エレベーターは_____です。

5）電話はどこですか。

6）電話は_____です。

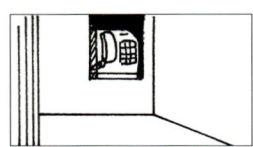

⑭ 左ページのパートナーに質問しなさい。

1）私の部屋は＿＿＿＿＿＿＿＿です。

2）あなたの部屋はどんな部屋ですか。

3）私のくには＿＿＿＿＿＿＿です。

4）あなたのくにはどんなくにですか。

5）私は＿＿＿＿＿＿人です。

6）あなたはなに人ですか。

⑯ 絵を見て、左ページのパートナーに質問しなさい。

1）ここは＿＿＿＿＿＿です。

2）ここはどこですか。

3）いりぐちは＿＿＿＿＿です。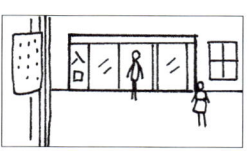

4）エレベーターはどこですか。

5）電話は＿＿＿＿＿です。

6）電話はどこですか。

| ひろば 3 | 東京 |

CD ①-22

田口：これは東京の地図です。私たちはいま新宿にいます。これは山手線です。

キム：駅はいくつありますか。

田口：全部で29あります。新宿から新宿まで60分です。

ハー：東京ディズニーランドはどこにありますか。

田口：うらやすにあります。

ブレル：ここからそこまで何分ですか。

田口：1時間20分です。

キム：東京ディズニーランドは何時から何時までですか。

田口：朝9時から夜10時までです。

ハー：入場料はいくらですか。

田口：3,670円です。

文　型

| ほん
えんぴつ
かばん | は | つくえ
はこ
テーブル | の | うえ
なか
した | に | あります | か |

| ねこ
とり
いぬ | は | ソファ
かご
テーブル | の | うえ
なか
した | に | います | か |

| ここ
あさ 9 時 | から | えき
よる10時 | まで | 5ふん | です | か |

用　法

いくつ：ひとつ・ふたつ・みっつ・よっつ・いつつ・むっつ・ななつ
　　　　やっつ・ここのつ・とお

いくら

なんじ・なんぷん

　時　：1時・2時・3時・4時・5時・6時・7時・8時・9時・10時
　　　　11時・12時

　分　：1分・2分・3分・4分・5分・6分・7分・8分・9分・10分
　　　　15分・20分・30分・40分・50分・60分

　時間：1時間・2時間・3時間・4時間・5時間・6時間・7時間・8時間・9時間・10時間・11時間・12時間

［新しいことば］

地図（ちず）／山手線（やまのてせん）／全部（ぜんぶ）で／朝（あさ）／夜（よる）
入場料（にゅうじょうりょう）

練　習

① [　　] の中に言葉を入れていいなさい。

A.
a. えんぴつはどこにありますか。
　　えんぴつはつくえの [　　　　　] にあります。　　　　　[上　下]

b. かばんはどこにありますか。
　　かばんは [　　　　　] の上にあります。　　[つくえ　テーブル　いす]

c. 鳥はどこにいますか。
　　鳥は木の [　　　　　] にいます。　　　　　　　　　[上　下]

d. ねこはどこにいますか。
　　ねこは [　　　　　] の下にいます。　[テーブル　椅子　つくえ　テレビ]

B.
a. いくつありますか。
　　[　　　　　] あります。　　[ひとつ　ふたつ　みっつ　よっつ　いつつ]

② [　　] の中に言葉を入れていいなさい。

a. ここから家まで [　　　　　] 分（ふん　ぷん）です。　[5　10　15　30]

b. ここから大阪まで [　　　　　] 時間です。　　　　　[1　2　3　4]

c. いま何時ですか。
　　いま [　　　　　] 時です。　　　　　　　　　　[1　2　3　4　5]

d. いま何分ですか。
　　いま [　　　　　] 分です。　　　　　　　[5　10　15　20　30]

書く

③ 絵を見て、答えを書きなさい。

例：駅から公園まで　5　分です。
1）キムさんの家から駅まで　　　分です。
2）ハーさんの家から王さんの家まで　　　分です。
3）スミスさんの家から公園まで　　　分です。
4）ハーさんの家から川まで　　　分です。

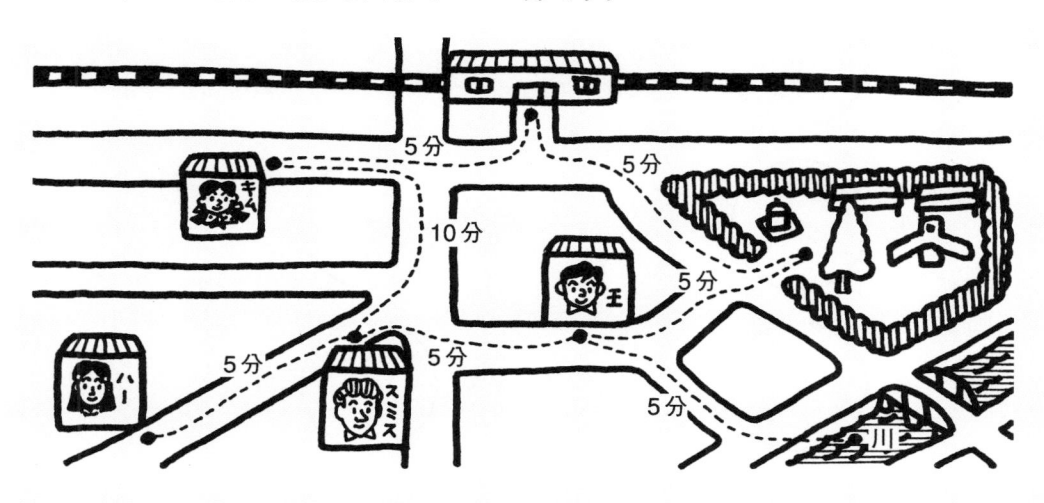

④ 絵を見て、答えを書きなさい。

1）りんごはいくつありますか。
2）コップはいくつありますか。
3）椅子はいくつありますか。
4）まどはいくつありますか。

聞く

CD ①-23/CD ①-24

⑤ CDを聞いて、正しい答えをえらびなさい。　　CD ①-23

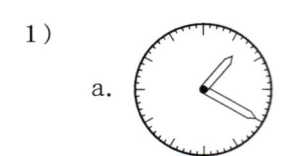

1) a.　　　　　　　b.

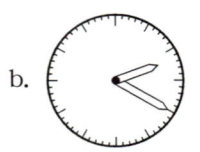

2) a. 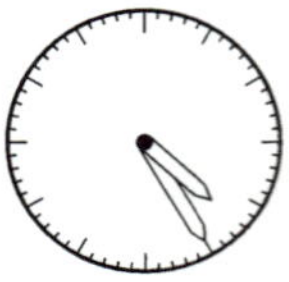　　　　　　　b.

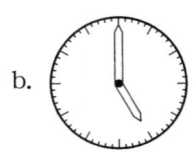

3) a. 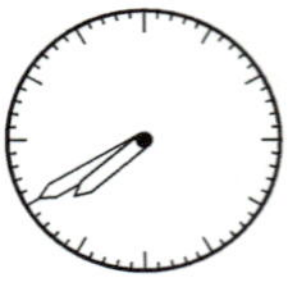　　　　　　　b.

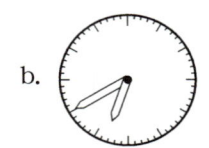

4) a. 　　　　　　　b.

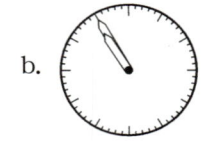

⑥ CDを聞いて、正しい答えをえらびなさい。　　CD ①-24

1)　a. はい／b. いいえ

2)　a. はい／b. いいえ

3)　a. はい／b. いいえ

4)　a. はい／b. いいえ

34　さんじゅうし

CD ①-25/CD ①-26

⑦ CDを聞いて、時間を書きなさい。　　CD ①-25

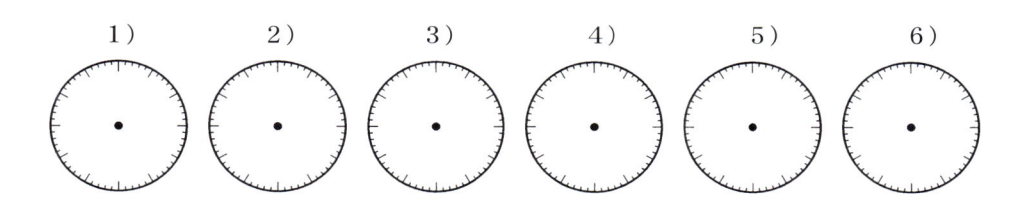

1)　　2)　　3)　　4)　　5)　　6)

⑧ CDを聞いて、答えを書きなさい。　　CD ①-26

1) ----------------------------------

2) ----------------------------------

3) ----------------------------------

4) ----------------------------------

5) ----------------------------------

さんじゅうご　35

聞く

CD ①-27/CD ①-28

⑨ CDを聞いて、正しい答えをえらびなさい。　　CD ①-27

1) a. 8時はん　　b. 9時

2) a. 7時　　　　b. 8時

3) a. 10分　　　b. 15分

4) a. 15分　　　b. 25分

5) a. 1時35分　b. 7時35分

⑩ CDを聞いて、例のように線を引きなさい。　　CD ①-28

例　カレンダーはテーブルの上にあります。

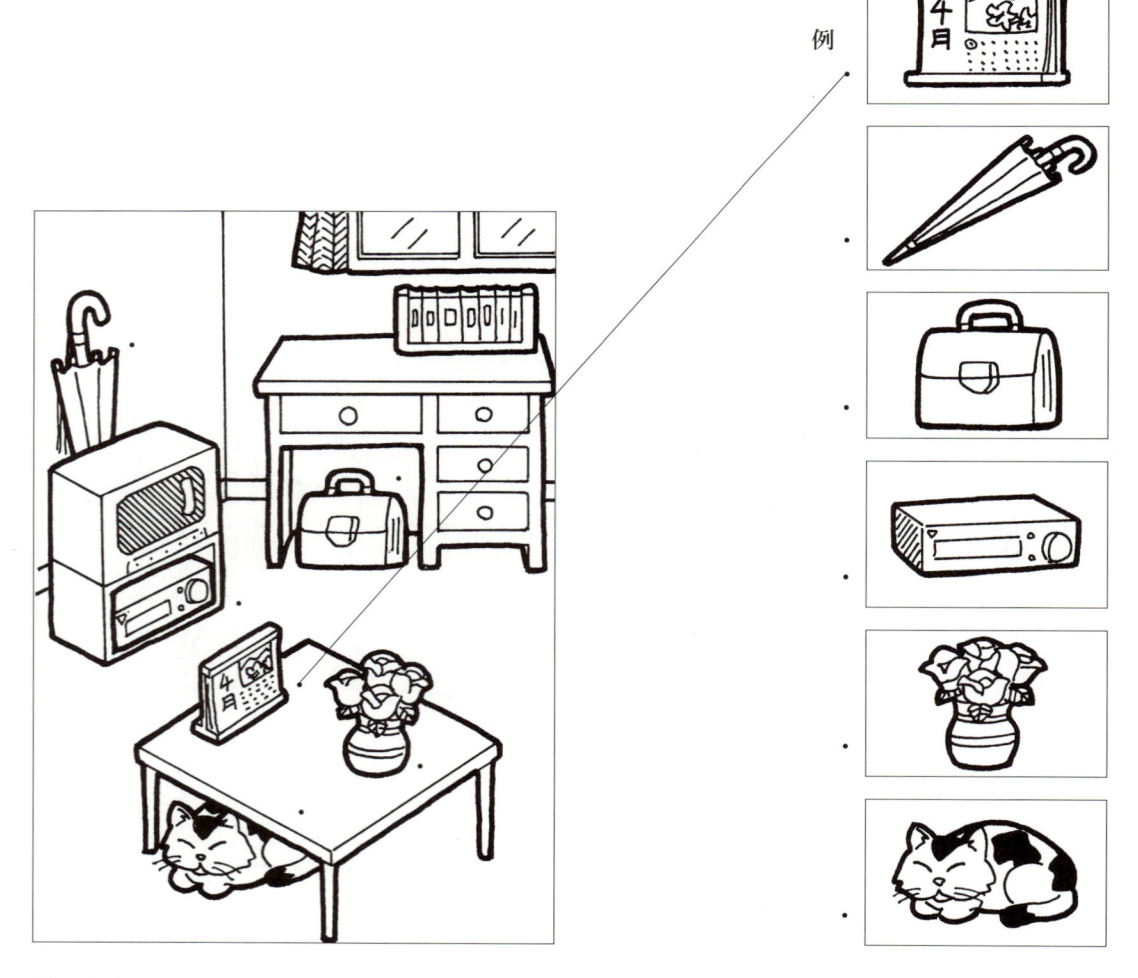

読む

⑪ 下の文を読んで、質問に答えなさい。

> 今東京駅にいます。東京駅から新宿まで20分です。新宿から中野まで10分です。中野から私の家まで15分です。

質問

1）東京駅から中野まで何分ですか。

　　　　　　　　　　　　　　　———————————————————

2）新宿から家まで何分ですか。

　　　　　　　　　　　　　　　———————————————————

3）家から東京駅まで何分ですか。

　　　　　　　　　　　　　　　———————————————————

⑫ 下の文を読んで、質問に答えなさい。

> ねこはテーブルの下にいます。
> ビデオテープはこの中にあります。
> 本はテレビの上にあります。

質問

1）本はどこの上にありますか。

　　　　　　　　　　　　　　　———————————————————

2）ビデオテープはどこにありますか。

　　　　　　　　　　　　　　　———————————————————

3）ねこはどこにいますか。

　　　　　　　　　　　　　　　———————————————————

パートナー

⑬ 右ページのパートナーに質問しなさい。

1）いま何時ですか。

2）いま＿＿＿＿＿時です。

3）学校からあなたの家まで何分ですか。

4）学校から私の家まで＿＿＿＿分です。

5）学校から駅まで何分ですか。

6）学校から駅まで＿＿＿＿＿分です。

⑮ 右ページのパートナーに質問しなさい。

1）あなたの家はどこにありますか。

2）私の家は＿＿＿＿＿にあります。

3）ハーさんはどこにいますか。

4）王さんは＿＿＿＿＿＿にいます。

5）先生はどこにいますか。

6）先生は＿＿＿＿＿＿にいます。

⑭ **左ページのパートナーに質問しなさい。**

1）いま_____時です。

2）いま何時ですか。

3）学校から私の家まで_____分です。

4）学校からあなたの家まで何分ですか。

5）学校から駅まで_____分です。

6）学校から駅まで何分ですか。

⑯ **左ページのパートナーに質問しなさい。**

1）私の家は_____にあります。

2）あなたの家はどこにありますか。

3）ハーさんは_____にいます。

4）王さんはどこにいますか。

5）先生は_____にいます。

6）先生はどこにいますか。

ひろば 4　　学校の寮

CD ①-29

（寮）

王：ここはどこですか。

田口：ここは学校の寮です。キムさんはここにいますよ。

（寮のロビー）

王：エアコンは寮の部屋にありますか。

キム：はい、あります。

王：キムさんは毎日何時に起きますか。

キム：私は毎日7時に起きます。7時半に朝ご飯を食べます。そして学校に行きます。

王：朝、寮のかぎをかけますか。

キム：私は寮のかぎをかけません。部屋のかぎをかけます。

田口：キムさんは日曜日、何をしますか。

キム：洗濯をします。そして、掃除をします。そして、料理も。

王：洗濯機は部屋にありますか。

キム：いいえ、洗濯室にあります。

王：ゴミの日は何曜日ですか。

キム：月曜日と水曜日と金曜日です。

文　型

あなた	は	ごはん なに	を	たべます たべません		か
		がっこう どこ	に	いきます いきません		
		タクシー なん		のります のりません		

文　法

～を～ます／ますか／ません
～に～ます／ますか／ません

用　法

何曜日：月曜日　火曜日　水曜日　木曜日　金曜日　土曜日　日曜日
毎日

[新しいことば]

寮（りょう）／ロビー／～よ／エアコン／かぎをかけます／洗濯（せんたく）／～機（き）／掃除（そうじ）／料理（りょうり）／～室（しつ）／ゴミ／～曜日

練 習

① [　　] の中に言葉を入れて言いなさい。

　　a. 私は [　　　　　　] を食べます。　　　　　　[ご飯　パン　卵　そば]

　　b. 私は [　　　　　　] を買います。　　　　　　[雑誌　本　カセット　かばん]

　　c. 私は [　　　　　　] を聞きます。　　　　　　[音楽　ラジオ　CD]

　　d. 私は [　　　　　　] を飲みます。　　　　　　[牛乳　ジュース　お茶　水]

　　e. 私は [　　　　　　] を見ます。　　　　　　　[テレビ　地図　時計]

　　f. 私は [　　　　　　] を書きます。　　　　　　[ひらがな　漢字　手紙　日記]

　　g. 私は [　　　　　　] を読みます。　　　　　　[本　手紙　英語の本]

　　h. 私は [　　　　　　] に行きます。　　　　　　[学校　山　日本]

　　i. 私は [　　　　　　] に乗ります。　　　　　　[自転車　自動車　タクシー　電車]

② [　　] の中に言葉を入れて言いなさい。

　　a. 私は [　　　　　　] に起きます。　　　　　　[6時　7時　8時　9時]

　　b. 私は [　　　　　　] に寝ます。　　　　　　　[10時　11時　12時　1時]

　　c. 私は [　　　　　　] に朝ご飯を食べます。　　[　　　　　　]

　　d. 私は [　　　　　　] に学校に行きます。　　　[　　　　　　]

　　e. 私は [　　　　　　] に家にかえります。　　　[　　　　　　]

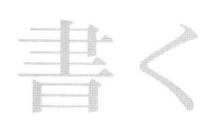

③ 絵を見て、その動詞で文を書きなさい。

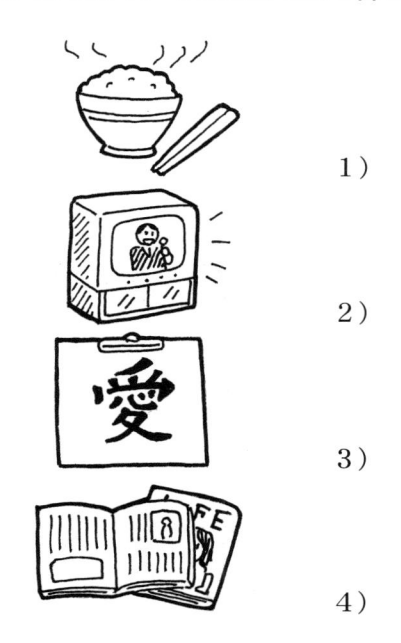

1）
2）
3）
4）

④ 絵を見て、その動詞で文を書きなさい。

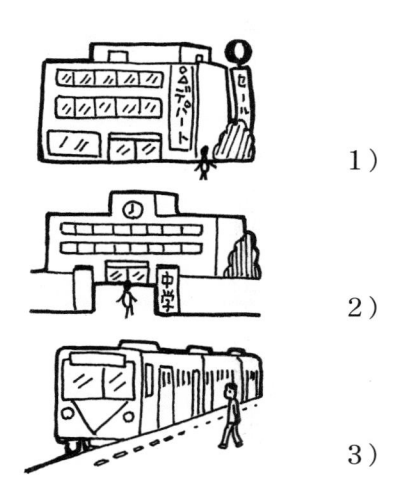

1）
2）
3）

聞く

CD ①-30/CD ①-31

⑤ CDを聞いて、王さんの一日の順番をつけなさい。　　CD ①-30

（　）　　（　）　　（　）

（　）　　（　）

⑥ CDを聞いて、順番をつけなさい。（行くところに番号をふる）　　CD ①-31

聞く

CD ①-32/CD ①-33

⑦ 二人の会話を聞いて、正しい答えをえらびなさい。　CD ①-32

1) a．テレビを見ます
   b．テレビを買います

2) a．紅茶を飲みます
   b．お茶を飲みます

3) a．手紙を読みます
   b．新聞を読みます

4) a．山に行きます
   b．海に行きます

5) a．学校に行きます
   b．会社に行きます

⑧ きょうだれがだれにあいますか。CDを聞いて、右と左を結びなさい。
CD ①-33

ハー　　　・　　　　　・ホワイト

スミス　　・　　　　　・ブロワ

王　　　　・　　　　　・吉田(よしだ)

キム　　　・　　　　　・パク

田口　　　・　　　　　・バン

ブレル　　・　　　　　・陳(ちん)

4 学校の寮

聞く

CD ①-34/CD ①-35

⑨ CDを聞いて、右と左を結びなさい。　　CD ①-34

ブレル　・　　　　　　　　　　・　パンを食べます

キム　　・　　　　　　　　　　・　うどんを食べます

スミス　・　　　　　　　　　　・　コーヒーを飲みます

ハー　　・　　　　　　　　　　・　テレビを見ます

王　　　・　　　　　　　　　　・　音楽を聞きます

田口　　・　　　　　　　　　　・　本を読みます

⑩ CDを聞いて、右と左を結びなさい。　　CD ①-35

ハー　　・　　　　　　　　　　・　山に行きます

王　　　・　　　　　　　　　　・　海に行きます

ブレル　・　　　　　　　　　　・　京都に行きます

田口　　・　　　　　　　　　　・　北海道に行きます

スミス　・　　　　　　　　　　・　大阪に行きます

キム　　・　　　　　　　　　　・　横浜に行きます

⑪ 下の文を読んで、質問に答えなさい。

> 金曜日キムさんは7時半に山手線に乗ります。
> 9時から12時まで勉強します。
> 12時45分に昼ご飯を食べます。そして、家に帰ります。
> 夜も8時半から11時まで勉強します。
> そして、1時間音楽を聞きます。
> 土曜日は、キムさんは学校に行きません。
> 8時に起きます。
> 8時半に朝ご飯を食べます。
> そして、洗濯、掃除をします。
> 昼から日本人の友達の家に行きます。
> 夜は時々手紙を書きます。
> 日曜日もキムさんは学校に行きません。

質問

1) キムさんは金曜日何に乗りますか。

2) かのじょは金曜日何時間勉強しますか。

3) 何時から何時まで音楽を聞きますか。

4) 毎日夜手紙を書きますか。

5) 何曜日から何曜日まで学校に行きますか。

6) 日曜日山手線に乗りますか。

パートナー

⑫ **右ページのパートナーに質問しなさい。**

1) あなたは毎日何時に起きますか。

2) 私は毎日 ＿＿＿＿＿＿ 時に起きます。

3) あなたは毎晩何時に寝ますか。

4) 私は毎晩 ＿＿＿＿＿＿ 時に寝ます。

5) あなたは毎日なにを飲みますか。

6) 私は毎日 ＿＿＿＿＿＿ を飲みます。

⑭ **右ページのパートナーに質問しなさい。**

1) あなたは何時に学校に行きますか。

2) 私は ＿＿＿＿＿＿ 時に学校に行きます。

3) あなたは何時に家に帰りますか。

4) 私は ＿＿＿＿＿＿ 時に家に帰ります。

5) あなたは何曜日学校にきますか。

⑬ 左ページのパートナーに質問しなさい。

1）私は毎日＿＿＿＿＿時に起きます。

2）あなたは毎日何時に起きますか。

3）私は毎晩＿＿＿＿＿時に寝ます。

4）あなたは毎晩何時に寝ますか。

5）私は毎日＿＿＿＿＿を飲みます。

6）あなたは毎日何を飲みますか。

⑮ 左ページのパートナーに質問しなさい。

1）私は＿＿＿＿＿時に学校に行きます。

2）あなたは何時に学校に行きますか。

3）私は＿＿＿＿＿時に家に帰ります。

4）あなたは何時に家に帰りますか。

5）私は＿＿＿＿＿曜日学校にきます。

4 学校の寮

よんじゅうく 49

ひろば 5　コンビニで

CD ①-36

キム：王さん、その乾電池はどこで買いましたか。
　王：あそこのコンビニで買いました。
キム：いつ買いましたか。
　王：きのう買いました。

（コンビニで）
キム：乾電池、ありますか。
店員：すみません。きょうはありません。でも、あしたはありますよ。
キム：このティッシュと歯みがき2本とせっけんみっつください。いくらですか。
店員：全部で1,850円です。
キム：じゃ、2,000円。
店員：はい。150円おつりです。ありがとうございました。

文　型

かばん	の	うえ した なか	に	えんぴつ	が	あります	か
				えんぴつとペン		ありません	
つくえ				なに	が	あります	
						います	
				ねこ		いません	
						います	

あなた	は	うち	で	ごはん	を	たべます	か
		どこ				たべません	
						たべます	
						たべました	
						たべませんでした	

文　法

どこにも行きませんでした

行きます／行きました／行きませんでした

用　法

いつ

数詞：　1本　2本　3本　4本　5本　6本　7本　8本　9本　10本

[新しいことば]

コンビニ／乾電池（かんでんち）／すみません／でも／ティッシュ／歯（は）みがき／せっけん／〜と／〜本／円／〜をください／きょう／あした

練　習

① [　　] の中に言葉を入れて言いなさい。

1）私は [　　　　　　] で晩ご飯を食べます。　　　　　　[レストラン　家　友達の家]

2）私は [　　　　　　] で勉強します。　　　　　　　　　[学校　図書館　家]

3）彼女は [　　　　　　] で本を読みます。　　　　　　　[学校　電車　図書館]

4）ハーさんは [　　　　　　] で寝ます。　　　　　　　　[家　ホテル　寮　アパート]

② [　　] の中に言葉を入れて言いなさい。

1）つくえの上になにがありますか。
　　　[　　　　　　] があります。　　　　　　　　　　　[雑誌　本　ペン]

2）かばんの中になにがありますか。
　　　[　　] と [　　] があります。　　　　　　　　　　[本　辞書　紙　ペン　雑誌]

3）へやの中にだれがいますか。
　　　[　　　　　　] さんがいます。　　　　　　　　　　[王　キム　スミス　ブレル]

4）つくえの上になにかありますか。
　　　はい、[　　　　　　] があります。　　　　　　　　[雑誌　本　ペン]
　　　いいえ、なにもありません。

5）へやの中にだれかいますか。
　　　はい、[　　　　　　] さんがいます。　　　　　　　[ブレル　田口　キム]
　　　いいえ、だれもいません。

書く

5
コンビニで

③ 絵を見て、文を書きなさい。

1)

2)

3)

4)

④ 絵を見て、いくらか書きなさい。

1) これは
　　　円です。

2) これは
　　　円です。

3) これは
　　　円です。

4) これは
　　　円です。

5) これは
　　　円です。

6) これは
　　　円です。

ごじゅうさん　53

聞く

CD ①-37/CD ①-38

⑤ CDを聞いて、正しい答えをえらびなさい。　　CD ①-37

1) a. きのう　　b. せんしゅう

2) a. 土曜日　　b. 日曜日

3) a. きのう　　b. せんしゅう

4) a. 吉田　　　b. 田口

5) a. 田口　　　b. 田中

⑥ 絵を見て、CDの質問に答えなさい。　　CD ①-38

1) a. はい、本があります。　　　　b. いいえ、なにもありません。

2) a. はい、王さんがいます。　　　b. いいえ、だれもいません。

3) a. はい、ハーさんがいます。　　b. いいえ、だれもいません。

4) a. はい、ねこがいます。　　　　b. いいえ、なにもいません。

5) a. はい、犬がいます。　　　　　b. いいえ、なにもいません。

聞く

🎵 CD ①-39/CD ①-40

⑦ CDを聞いて、表を完成させなさい。　　CD ①-39

	どこで	なにを
ハー		
王		
キム		
スミス		
ブレル		

⑧ CDを聞いて、正しい答えをえらびなさい。　　CD ①-40

1) a. 50円　　　b. 100円　　　c. 150円
2) a. 1,000円　　b. 1,500円　　c. 2,000円
3) a. 3,000円　　b. 3,500円　　c. 4,000円
4) a. 10,000円　　b. 15,000円　　c. 20,000円
5) a. 50,000円　　b. 70,000円　　c. 90,000円

コンビニで

聞く

CD ①-41/CD ①-42

⑨ 何を買いましたか。CDを聞いて、右と左を結びなさい。　　CD ①-41

ハー　　　・　　　　　　　　・本

王　　　　・　　　　　　　　・かばん

田口　　　・　　　　　　　　・雑誌

スミス　　・　　　　　　　　・おかし

キム　　　・　　　　　　　　・CD

ブレル　　・　　　　　　　　・ふく

⑩ 絵を見て、CDの質問に答えなさい。　　CD ①-42

1) _____

2) _____

3) _____

4) _____

56　ごじゅうろく

⑪ 下の会話を読んで、質問に答えなさい。

> ブレル：王さんは日曜日、どこかに行きましたか。
> 王：日光に行きました。
> 浅草で東武線に乗りました。
> 浅草から日光まで1時間半です。
> 日光に東照宮と江戸村ときぬ川温泉があります。
> 東照宮は赤い神社です。
> 江戸村も見ました。
> 江戸村に日本のふるいものがたくさんあります。
> そこで昼ご飯を食べました。
> そして、温泉に入りました。
> 私はそこでおかしとおもちゃを買いました。
> ブレルさんは日曜日、どこかに行きましたか。
> ブレル：いいえ、どこにも行きませんでした。
> 家で本を読みました。

質問

1）王さんはどこから日光に行きましたか。

2）日光に何がありますか。

3）彼は日光で何を見ましたか。

4）彼は何か買いましたか。

5）ブレルさんは日曜日どこかに行きましたか。

パートナー

⑫ **絵を見て、右ページのパートナーに質問しなさい。**

6人は東京ディズニーランドに行きました。

1）スミスさんは何を買いましたか。

2）王さんは ＿＿＿＿＿＿＿＿＿＿＿＿＿＿＿＿＿＿。

3）ハーさんは何を見ましたか。

4）キムさんは ＿＿＿＿＿＿＿＿＿＿＿＿＿＿＿＿＿＿。

5）ブレルさんはだれにあいましたか。

⑭ **絵を見て、右ページのパートナーに質問しなさい。**

ペットショップです。

1）おりの中に何がいますか。

2）レストランです。

　　　レストランに ＿＿＿＿＿＿＿＿ がいます。

58　ごじゅうはち

⑬ 絵を見て、左ページのパートナーに質問しなさい。

6人は東京ディズニーランドに行きました。
1) スミスさんは _____。

2) 王さんは何を食べましたか。

3) ハーさんは _____。

4) キムさんは何に乗りましたか。

5) ブレルさんは _____。

⑮ 絵を見て、左ページのパートナーに質問しなさい。

ペットショップです。
1) おりの中に _____。

2) レストランです。
　　レストランにだれがいますか。

ひろばで休もう　1

①　（　　　）の中に正しい言葉を入れなさい。

1) ハーさんはアパート（　　　　）寝ます。

2) へやの中にだれ（　　　　）いません。

3) 学校（　　　　）うち（　　　　）30分です。

4) 私は8時（　　　　）ごはんを食べます。

5) ブレルさんは毎日学校（　　　　）行きます。

6) つくえの上（　　　　）ねこ（　　　　）います。

7) 全部（　　　　）1,500円です。

8) これは私（　　　　）かばんです。

9) これはペンです。これ（　　　　）ペンです。

②　下の言葉をつかって、文をつくりなさい。

1) そして _____

2) でも _____

3) いくつ _____

4) 〜と〜 _____

③　次のクロスワードをやりなさい。

1)	b)		a)
c)		2)	
3)			

よ　こ

1) おおきい ←——→ ○○○○。

2) つくえ　と　○○。

3) にほん○○。

た　て

a) つくえの下にねこが○○○。

b) ねこ　と　○○。

c) ○○、に、さん、し……

ひろば 6 食堂で

CD ①-43

田口：スミスさん、何を食べますか。
スミス：何がおいしいですか。田口さんはきのうここで食べましたか。
田口：ええ、さしみ定食を食べました。とてもおいしかったですよ。
スミス：よく来ますか。
田口：ええ、よく来ます。スミスさんはどこで昼ご飯を食べますか。
スミス：私はここのとなりの店でよく食べます。
田口：先週 私もあの店に行きましたよ。でも、おいしくありませんでした。スミスさんはきのうもあの店で食べましたか。
スミス：いいえ、きのうあの店は休みでした。

文　型

えいが	は	おもしろかった おもしろく	です ありません	か でした

あなた	は	げんき	でした ではありません	か でした

文　法

い形容詞過去形／過去否定形
名詞過去形／過去否定形

用　法

まえ／うしろ／となり
たくさん／とても

[新しいことば]

　さしみ／定食（ていしょく）／休（やす）み／よく〜ます／ええ／となり
　とても

練 習

① ［　　　　　］の中に言葉を入れて言いなさい。(**必要なとき、形を変えなさい**)

1) きのうの晩ご飯は　［　　　　　］です。　　　　　　　［おいしい　まずい］

2) きのうのテレビの番組は　［　　　　　］です。［おもしろい　つまらない　いい］

3) 先週のテストは　［　　　　　］です。　［むずかしい　やさしい　いい　わるい］

4) きのうは　［　　　　　］です。　　　［さむい　あつい　すずしい　あたたかい］

5) きのうのテレビは　［　　　　　］。　　　［おもしろい　おもしろくありません］

6) 先週私は　［　　　　　］。　　　　　　　［いそがしい　いそがしくありません］

② ［　　　　　］の中に言葉を入れて言いなさい。(**必要なとき、形を変えなさい**)

1) きのうは　［　　　　　］。　　　　　　　　　　　［日曜日です　金曜日です］

2) きのうは　［　　　　　］。　　　　　　　　［いい天気です　わるい天気です］

3) きのう私は　［　　　　　］。　　　　　　　　　　　［元気です　病気です］

4) きのう食事代は　［　　　　　］。　［2,500円です　3,000円です　5,000円です］

5) せんしゅう私は　［　　　　　］ありませんでした。　　［元気です　病気です］

③下の絵を見て、「い形容詞の過去形／過去否定形」で書きなさい。

1)
2)
3)
4)
5)
6)

④下の絵を見て、「～でした／～ではありませんでした」の文で書きなさい。

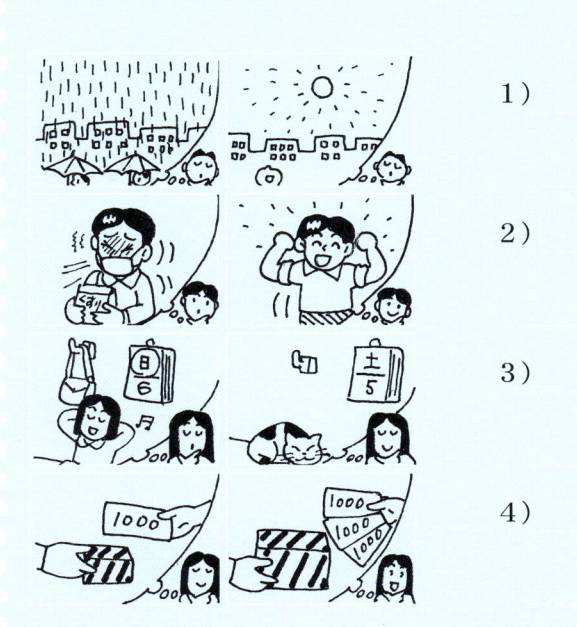

1)
2)
3)
4)

聞く

CD ①-44/CD ①-45

⑤ CDを聞いて、正しい答えをえらびなさい。　　CD ①-44

1)　　a. はやかった
　　　 b. おそかった
2)　　a. はやかった
　　　 b. おそかった
3)　　a. 高かった
　　　 b. やすかった
4)　　a. いそがしかった
　　　 b. ひまでした
5)　　a. さむかった
　　　 b. あつかった
6)　　a. おいしかった
　　　 b. まずかった

⑥ CDを聞いて、正しい答えをえらびなさい。　　CD ①-45

1)　　a. きのうは火曜日でした。
　　　 b. きのうは日曜日でした。
2)　　a. きのうはいい天気でした。
　　　 b. わるい天気でした。
3)　　a. 元気でした。
　　　 b. 病気でした。
4)　　a. ひまでした。
　　　 b. いそがしかった。
5)　　a. 340円でした。
　　　 b. 350円でした。
6)　　a. 2,500円でした。
　　　 b. 1,500円でした。

聞く

🎧 CD ①-46/CD ①-47

⑦ CDを聞いて、ハーさんのきのうのことに順番をつけなさい。　　CD ①-46

( )　　( )　　( )

( )　　( )

⑧ 前、うしろにだれがいますか。CDを聞いて、□の中に名前を書き入れなさい。

CD ①-47

スミス

聞く

CD ①-48/CD ①-49

⑨ 5人の話を聞いて、表を完成させなさい。　　　CD ①-48

	どこで	何を	しました
王			
ハー			
ブレル			
スミス			
キム			

⑩ CDを聞いて、「はい／いいえ」で答えなさい。　　　CD ①-49

1) はい／いいえ

2) はい／いいえ

3) はい／いいえ

4) はい／いいえ

5) はい／いいえ

6) はい／いいえ

読む

⑪ 次の文を読んで、下の質問に答えなさい。

> きのう、私は朝8時に会社に行きました。昼まで会社で仕事しました。12時に会社の前のレストランで昼ご飯を食べました。そして、1時から夜7時まで仕事しました。

質問

1） きのうはいそがしかったですか。

　　--

2） 何時に昼ご飯を食べましたか。

　　--

3） どこで食べましたか。

　　--

⑫ 次の文を読んで、下の質問に答えなさい。

> 先週、原宿に行きました。いい天気でした。温度は25度でした。原宿はわかい人たちがたくさんいました。私は原宿で洋服屋に入りました。洋服屋でブラウスとスカートを買いました。全部で2,000円でした。そして、表参道を歩きました。表参道でレストランに入りました。そのレストランでピザとフライドチキンを食べました。コーラも飲みました。全部で4,000円でした。原宿はおもしろかったです。

質問

1） この人は男の人ですか。女の人ですか。

　　--

2） 先週はさむかったですか。

　　--

3） 洋服はやすかったですか。

　　--

4） レストランはどこにありますか。

　　--

5） レストランは高かったですか。

　　--

6） 原宿はどんなところでしたか。

　　--

パートナー

⑬ 右ページのパートナーに質問しなさい。

例：（左）きのう何をしましたか。
　　（左）おもしろかったですか。

1）きのう何を食べましたか。
　　それはおいしかったですか。

2）はい／いいえ

3）きのう何を買いましたか。
　　それはやすかったですか。

4）はい／いいえ

⑮ 絵を見て、右ページのパートナーに質問しなさい。

1）スミスさんはどこにいますか。
2）＿＿＿＿＿＿＿＿＿＿＿＿＿＿＿＿＿＿＿＿＿＿＿
3）かさはどこにありますか。
4）＿＿＿＿＿＿＿＿＿＿＿＿＿＿＿＿＿＿＿＿＿＿＿

70　しちじゅう

⑭ 左ページのパートナーに質問しなさい。

例：（右）映画を見ました。
　　（右）おもしろかったです。

1）はい／いいえ

2）きのう何を食べましたか。
　　それはおいしかったですか。

3）はい／いいえ

4）きのう何を買いましたか。
　　それはやすかったですか。

⑯ 絵を見て、左ページのパートナーに質問しなさい。

1）_____
2）ねこはどこにいますか。
3）_____
4）ハーさんはどこにいますか。

ひろば 7　交番で道をきく

CD ①-50

ハー：すみません。ホテル東京に行きたいです。どこにありますか。

警官：ホテル東京ですか。この道をまっすぐ行きます。そして、交差点で右にまがります。

ハー：ちょっと待ってください。もう一度お願いします。

警官：この道をまっすぐ行きます。そして、交差点で右にまがります。いいですか。

ハー：はい。

警官：きれいなビルがあります。それがホテル東京です。わかりましたか。

ハー：わかりました。どうもありがとうございました。

文　型

あなた	は	コーヒー なに	が	のみたい	です	か
わたし		コーヒー		のみたく	ありません	
あなた	は	ともだち だれ	に	あいたい	です	
わたし		ともだち		あいたく	ありません	

あのアパート	は	しずかな	アパート	です ではありません	か

用　法

（あなたの）お父さん……（私の）父　　｝両親　　｝
（あなたの）お母さん……（私の）母　　　　　　｝家族
（あなたの）お兄さん……（私の）兄　　｝
（あなたの）お姉さん……（私の）姉　　｝兄弟
（あなたの）弟さん………（私の）弟　　｝
（あなたの）妹さん………（私の）妹　　｝

[新しいことば]

交番（こうばん）／道をききます／まっすぐ／交差点（こうさてん）
右（みぎ）／〜にまがります／ちょっと／待ってください／もう一度
お願（ねが）いします／ビル／わかりました

7 交番で道をきく

練 習

① ［　　　］の中に言葉を入れて言いなさい。

1）私は［　　　　　］が飲みたいです。　　　［みず　おちゃ　コーヒー　ジュース］

2）私は［　　　　　］が食べたいです。　　　［ご飯　パン　うどん　そば］

3）私は［　　　　　］が見たいです。　　　　［テレビ　ビデオ　映画］

4）私は［　　　　　］に行きたいです。　　　［公園　海　京都　アメリカ］

5）私は［　　　　　］に乗りたいです。　　　［じてんしゃ　タクシー　飛行機　船］

6）私は［　　　　　］たいです。　　　　　　［買います　見ます　読みます　話します］

② ［　　　］の中に言葉を入れて言いなさい。

1）あのホテルは［　　　　　］なホテルです。　　［ゆうめい　きれい　しずか］

2）キムさんのお姉さんは　　　　　　　　　　　［きれい　しずか　ゆうめい　しんせつ］
　　［　　　　　］な人です。

3）これは［　　　　　］なものです。　　　　　［べんり　たいせつ　きれい］

4）この絵は［　　　　　］な絵です。　　　　　［きれい　たいせつ］

③ 絵を見て、「～たいです」を使って書きなさい。

1)
2)
3)
4)

④ 絵を見て、「な形容詞」を使って書きなさい。

1)
2)
3)
4)
5)

聞く

CD ①-51/CD ①-52

⑤ 今度の土曜日 6 人はパーティーをします。　　　CD ①-51
　CDを聞いて、右と左を結びなさい。

スミス　・　　　　　　　　・　歌が歌いたい
ハー　　・　　　　　　　　・　ピザが食べたい
王　　　・　　　　　　　　・　ジュースが飲みたい
ブレル　・　　　　　　　　・　音楽が聞きたい
キム　　・　　　　　　　　・　しずかなところでしたい
田口　　・　　　　　　　　・　ダンスがしたい

⑥ CDを聞いて、右と左を結びなさい。　　　CD ①-52

・　きれいです

・　しずかです

・　ゆうめいです

・　しんせつです

・　べんりです

聞く

CD ①-53/CD ①-54

⑦ CDを聞いて、右と左を結びなさい。　　CD ①-53

ブレル　・　　　　　　　・　カメラが買いたい
キ　ム　・　　　　　　　・　CDが買いたい
王　　　・　　　　　　　・　映画が見たい
スミス　・　　　　　　　・　友達にあいたい
田　口　・　　　　　　　・　部屋で休みたい
ハ　ー　・　　　　　　　・　外であそびたい

⑧ CDを聞いて、表を完成させなさい。　　CD ①-54

	だれ	どんな人
ハ　ー		
スミス		
キ　ム		
王		
ブレル		

交番で道をきく

しちじゅうしち　77

聞く

CD ①-55/CD ①-56

⑨ CDを聞いて、どこに行きたいか右と左を結びなさい。　CD ①-55

キム　・

王　　・

スミス　・

田口　・

ハー　・

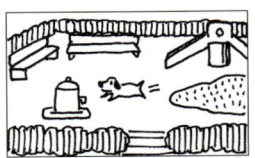

⑩ CDを聞いて、正しい答えをえらびなさい。　CD ①-56

1) a. しずかな人　b. きれいな人

2) a. きれいなホテル　b. ゆうめいなホテル

3) a. へんな絵　b. きれいな絵

4) a. べんりなもの　b. へんなもの

5) a. しんせつな人　b. たいせつなもの

78　しちじゅうはち

⑪ 下の文を読んで、質問に自由に答えなさい。　答

```
1）今週の日曜日は休みです。友達といっ
　　しょにきれいなところにあそびに行き
　　たいです。どこがいいでしょうか。
2）そこに行きました。昼です。友達とい
　　っしょに何か食べたいです。何がいい
　　でしょうか。
3）夜です。いっしょに何か飲みたいです。
　　何がいいでしょうか。
4）いっしょに静かなところを散歩したい
　　です。どこがいいでしょうか。
```

1）_____に行きたいです。

2）_____が食べたいです。

3）_____が飲みたいです。

4）_____を散歩したいです。

⑫ 下の文を読んで、質問に答えなさい。

```
キムさんのお姉さんは大学1年生です。毎日大学で勉強します。お姉さ
んは日本の会社で仕事がしたいです。彼女は毎日日本の料理を食べます。
でも、時々、韓国のおいしい料理も食べたいです。彼女は中野のアパー
トにいます。中野は静かな町です。でも、金曜日と土曜日の夜はうるさ
いです。彼女は勉強ができません。静かなところに行きたいです。
```

質問

1）キムさんのお姉さんは日本の料理が食べたくありませんか。

　　_____

2）中野はどんな町ですか。

　　_____

3）彼女は静かなところで勉強がしたいですか。

　　_____

4）彼女はことし韓国に帰りますか。

　　_____

パートナー

⑬ **右ページのパートナーに質問しなさい。**

1）今何が食べたいですか。

2）＿＿＿＿＿＿＿＿＿＿＿＿＿＿＿＿＿＿＿＿＿＿＿

3）今晩何がしたいですか。

4）＿＿＿＿＿＿＿＿＿＿＿＿＿＿＿＿＿＿＿＿＿＿＿

5）今だれに会いたいですか。

6）＿＿＿＿＿＿＿＿＿＿＿＿＿＿＿＿＿＿＿＿＿＿＿

⑮ **右ページのパートナーに質問しなさい。**

旅行社

1）どこに行きたいですか。

2）どんなところがいいですか。

3）何が見たいですか。

4）いつ行きたいですか。

5）どんな乗り物に乗りたいですか。

6）だれと行きたいですか。

⑭ 左ページのパートナーに質問しなさい。

1）_____

2）今何が飲みたいですか。

3）_____

4）週末どこに行きたいですか。

5）_____

6）日曜日何がしたいですか。

⑯ 左ページのパートナーに答えなさい。

客

1）_____ 行きたいです。

2）_____ がいいです。

3）_____ が見たいです。

4）_____ 行きたいです。

5）_____ に乗り物に乗りたいです。

6）_____ と行きたいです。

7 交番で道をきく

ひろば 8　アパートをひっこす

CD ②-1

ブレル：私はあしたひっこします。

キム：え？　どこにひっこしますか。

ブレル：渋谷です。

ハー：アパートですか。マンションですか。

ブレル：アパートです。前よりあかるいアパートですよ。

キム：いいですね。私もあかるい部屋が好きです。

ブレル：でも、前より学校まで遠いです。きょう新しいカーテンを買いに行きます。赤いカーテンと青いカーテンとどちらが好きですか。

ハー：私は青より赤の方が好きですね。

キム：私は青！色の中で青が一番好きです。

文 型

8 アパートをひっこす

| あなた | は | デパート | に | ふく | を | かい | に | いきます / いきません | か |

| A | | より | B | のほうが | おおきい / おおきく | です / ありません | か |

| A | と | B | と | どちらが | おおきい | です | か |

| A | の | なか | で | B | が | いちばん | おおきい | です | か |

| あなた | は | りんご | が | すき | です / ではありません | か |

[新しいことば]

ひっこします／アパート／あかるい／遠（とお）い／カーテン
どちら／好（す）き／色（いろ）／赤（あか）／青（あお）

練 習

① [　　]の中に形を変え、言葉を入れて言いなさい。

1) 私はデパートに [　　　　　] に行きます。
　　　　　　　　　　　　[くつを買います　食事をします　服を見ます]
2) 彼はこんばん [　　　　　] に行きます。
　　　　　　　　　　　　　　　[映画を見ます　飲みます　あそびます]
3) 彼女はゆうびんきょくに [　　　　　] に行きます。
　　　　　　　　　　　[はがきをだします　切手を買います　でんわだいをはらいます]
4) 友達が家に [　　　　　] に来ます。
　　　　　　　　　　　　　[あそびます　べんきょうします　ビデオを見ます]
5) 友達が日本に [　　　　　] に来ます。
　　　　　　　　　　　[日本語をべんきょうします　かんこうします　家族に会います]

② [　　]の中に言葉を入れて言いなさい。

1) あなたは [　　　] と [　　　] のどちらが好きですか。
　　私は [　　　] より [　　　] のほうが好きです。
　　　　　　　　　　　　　　　　　　　　　[肉　魚、山　海、洗濯　掃除]
2) 日本で一番おもしろいところはどこですか。
　　日本で一番おもしろいところは [　　　] です。
　　　　　　　　　　　　　　　　　　　　　[京都　横浜　東京　日光]
3) あなたは果物の中で何が一番好きですか。
　　私は [　　　] が一番好きです。
　　　　　　　　　　　　　　　　　　　　　[りんご　バナナ　メロン　みかん]

書く

③ 絵を見て、「～は～に～に行きます」の文で書きなさい。

1）（キムさんは）

2）（ハーさんは）

3）（王さんは）

4）（スミスさんは）

④ 絵を見て、「～は～が～です」の文で書きなさい。

1）

2）

3）

4）

アパートをひっこす

聞く

CD ②-2/CD ②-3

⑤ 誰がどこに何をしに行きますか。CDを聞いて、表を完成させなさい。　　CD ②-2

	どこに	何を
ハー		
田口		
王		
ブレル		
キム		
スミス		

⑥ CDを聞いて、右と左を結びなさい。　　CD ②-3

ハー　・　　　　　・　料理がじょうずです

スミス　・　　　　・　テニスがじょうずです

王　・　　　　　　・　ピアノがじょうずです。

ブレル　・　　　　・　運転がじょうずです。

キム　・　　　　　・　音楽がすきです。

田口　・　　　　　・　絵がじょうずです。

8 アパートをひっこす

⑦ CDを聞いて、正しい答えをえらびなさい。　CD ②-4

1) a. くつ　b. 本　c. CD　d. くすり

2) a. はがき　b. ふうとう　c. はこ　d. 切手

3) a. ホテル　b. プール　c. 海　d. 川

4) a. 学校　b. 図書館　c. 友達の部屋　d. 私の部屋

5) a. 遊びに　b. 勉強しに　c. 仕事しに　d. 家族に会いに

⑧ CDを聞いて、正しい答えをえらびなさい。　CD ②-5

聞く

CD ②-6/CD ②-7

⑨ CDを聞いて、ブレルさんの予定の順番をつけなさい。　　CD ②-6

（　）夜ホテルに友達に会いに行きます。

（　）そして、本屋に本を買いに行きます。

（　）お昼レストランにご飯を食べに行きます。

（　）そして、公園に花を見に行きます。

（　）ブレルさんは銀行にお金をだしに行きます。

⑩ ここに吉田さん、佐藤さん、石川さん、鈴木さん、斉藤さんの5人の日本人がいます。CDを聞いて、背が高い人から低い人へ順番をつけなさい。

CD ②-7

（　）　　（　）　　（　）　　（　）　　（　）

読む

⑪ 下の文を読んで、質問に答えなさい。

> きょう王さんはデパートに服を買いに行きます。王さんはお兄さんより大きい服を買います。でも、王さんは弟より小さいです。

質問

1) 弟は王さんより小さいですか。

————————————————————

2) お兄さんは弟より大きいですか。

————————————————————

3) 王さんの兄弟の中でだれが一番大きい服を買いますか。

————————————————————

⑫ 下の文を読んで、質問に答えなさい。

> 田口さんの犬は目が大きいです。でも、耳が小さいです。犬の名前はタローです。田口さんは毎日タローと散歩します。タローは散歩がとても好きです。食事より散歩のほうが好きです。田口さんはときどきタローといっしょに海におよぎに行きます。タローは頭がいい犬です。毎朝新聞を田口さんに持ってきます。ときどきタローの友達の白い犬があそびに来ます。タローはこのへんの犬の中で一番つよいです。

質問

1) タローはどんな犬ですか。

————————————————————

2) 田口さんはときどきタローといっしょに何をしますか。

————————————————————

3) 毎日タローは何をしますか。

————————————————————

4) タローは何が好きですか。

————————————————————

5) タローはこのへんの犬の中でつよいですか。

————————————————————

8 アパートをひっこす

パートナー

⑬ 絵を見て、右ページのパートナーに質問しなさい。

1）だれが一番背が高いですか。

2）AさんとBさんはどちらが高いですか。

3）CさんとDさんはどちらが高いですか。

4）EさんはFさんより高いですか。

⑮ 右ページのパートナーに質問しなさい。

　（不動産屋）

1）アパートとマンションとどちらがいいですか。

2）どんなところがいいですか。

3）いくらの部屋がいいですか。

4）何階の部屋に住みたいですか。

⑭ 絵を見て、左ページのパートナーに答えなさい。

1) --
2) --
3) --
4) --

⑯ 左ページのパートナーに答えなさい。

1) --
2) --
3) --
4) --

8 アパートをひっこす

きゅうじゅういち 91

ひろば 9　病気

CD ②-8

寮の人：ハーさん、どうかしましたか。顔が青いですよ。
ハー：ゆうべから何も食べられません。さむいです。
寮の人：かぜを引きましたね。熱はありますか。
ハー：少し。
寮の人：どのくらいありますか。
ハー：37度5分くらいです。
寮の人：だいじょうぶですか。
ハー：今、勉強もできません。
寮の人：ちょっと待ってください。はい。薬をどうぞ。
ハー：あ、どうもありがとう。
寮の人：その薬は、朝、昼、夜、一つずつ飲みます。それで、なおりますよ。

文　型

あなた	は	にほんご	が	はなせます はなせません	か
		すし	が	たべられます たべられません	
		テニス	が	できます できません	

9
病気

文　法

可能形　　i ます
　　　　　e ます
　　　　　できます

用　法

よく／すこし／あまり～せん
いつでも／どこでも／なんでも／だれでも／どれでも

[新しいことば]

どうかしましたか／かぜを引(ひ)きます／～ね
熱(ねつ)があります／どのくらい／だいじょうぶです／薬(くすり)
～ずつ／それで／なおります

きゅうじゅうさん　93

練　習

① [　　] に下のことばを入れて言いなさい。**必要なとき、「可能形」に変えなさい。**

1) 私は日本語が [　　　　] ます。　　　　　　　　　　　　[話します　書きます]

2) 父はこの [　　　　] が持てます。　　　　　　　　　　　[かばん　荷物　石]

3) あした私は [　　　　] に行けます。　　　　　　[学校　海　旅行　アルバイト]

4) こんばん [　　　　] に会えます。　　　　　　　　　　[あなた　友達　先生]

② [　　] に下のことばを入れて言いなさい。**必要なとき、「可能形」に変えなさい。**

1) 私はまどが [　　　　] ます。　　　　　　　　　　　　[開けます　しめます]

2) 彼女は [　　　　] できます。

　　　　　　　　　　　　　　　　　　　[テニスをします　料理をします　運転します]

3) 彼は [　　　　] が食べられます。

　　　　　　　　　　　　　　　　　　　　　　　[すし　さかな　日本料理　からいもの]

4) さるは [　　　　] で見られます。　　　　　　　　　　[日本　動物園　山]

③ 絵を見て、「可能形」の文を書きなさい。

1)

2)

3)

4)

④ 絵を見て、「可能形」の文を書きなさい。

1)

2)

3)

4)

聞く

CD ②-9/CD ②-10

⑤ CDを聞いて、表を完成させなさい。　　CD ②-9

何が

スミス		
ハー		
田口		
キム		
ブレル		
王		

⑥ CDを聞いて、表を完成させなさい。　　CD ②-10

何が

王		
田口		
キム		
スミス		
ハー		
ブレル		

🎵 CD ②-11

⑦ **CDの会話を聞いて、質問に答えなさい。**

1) CD

　　質問：あの交差点は右にまがれますか。

　　答　：_____

2) CD

　　質問：切符はどこで買えますか。

　　答　：_____

3) CD

　　質問：おいしいすしはどこで食べられますか。

　　答　：_____

4) CD

　　質問：この人は朝早く起きられますか。

　　答　：_____

5) CD

　　質問：この人は7時にパーティに行けますか。

　　答　：_____

聞く

CD ②-12/CD ②-13

⑧ CDを聞いて、質問に答えなさい。　　CD ②-12

1) a. 売店　　　b. どこでも

2) a. コンビニ　b. どこでも

3) a. 薬屋　　　b. どこでも

4) a. 夏　　　　b. いつでも

5) a. 夏　　　　b. 秋　　　c. 春　　　d. いつでも

⑨ CDを聞いて、表を完成させなさい。　　CD ②-13

○　できます
×　できません

	ゴルフ	ワープロ	テニス	マージャン
ブレル				
王				
キム				
ハー				
スミス				

⑩ 下の文を読んで、質問に答えなさい。

> 私の父はフランス語が話せます。でも、母はできません。私もできません。母は英語が話せます。でも、父も私もできません。私は日本語が少し話せます。でも、漢字が書けません。父はダンスができます。でも、私はできません。母もダンスができます。

質問

1) だれがフランス語が話せますか。
　　--

2) だれが英語が話せますか。
　　--

3) だれがダンスができませんか。
　　--

⑪ 下の文を読んで、質問に答えなさい。

> 梅は冬見られます。夏見られません。桜は春見られます。秋見られません。なしは秋食べられます。春食べられません。すいかは夏食べられます。冬食べられません。トマトはいつでも食べられます。

質問

1) 何がいつでも食べられますか。
　　--

2) 冬何が食べられませんか。
　　--

3) 秋何が食べられますか。
　　--

4) 桜は秋見られますか。
　　--

5) 冬何が見られますか。
　　--

パートナー

⑫ 右ページのパートナーに質問しなさい。

1）あなたはさしみが食べられますか。

2）はい／いいえ

3）あなたは_____できますか。

4）はい／いいえ

5）あなたのお父さんは日本語ができますか。

6）はい／いいえ

⑭ 絵を見て、右ページのパートナーに質問しなさい。

1)　2)　3)　4)　5)

1）これは食べられますか。
2）全部食べられますか。
3）はい／いいえ
4）はい／いいえ
5）このカメラは修理できますか。

⑬ 左ページのパートナーに質問しなさい。

1）はい／いいえ

2）あなたはすしが食べられますか。

3）はい／いいえ

→ 4）あなたは＿＿＿＿＿＿＿できますか。

5）はい／いいえ

6）あなたのお母さんは日本語ができますか。

⑮ 絵を見て、左ページのパートナーに質問しなさい。

1）　2）　3）　4）　5）

→ 1）はい／いいえ
2）はい／いいえ
3）この水は飲めますか。
4）きょう泳げますか。
5）はい／いいえ

9 病気

ひろば 10　アルバイト

CD ②-14

店長：キムさん、ここの部屋で着替えてください。

キム：わかりました。

　　　　　　　＊　　＊　　＊

キム：いらっしゃいませ。

お客：スパゲティ一つとアイスコーヒー一つ。

キム：はい。アイスコーヒーにミルクを入れますか。

お客：入れないでください。

キム：はい。かしこまりました。

店長：キムさん、キムさん！　何をしていますか。

キム：はい。今注文を聞いています。

店長：ちょっとこっちに来て。手伝ってください！

キム：はーい。ちょっと待ってください！

文　型

かれ	は	テレビ	を	みています みていません	か

まど	を	あけ あけない	てください でください

文　法

　ての形
　ないの形

用　法

1）私はコートを着ます　　→　コートを着ています
　　彼はズボンをはきます　→　ズボンをはいています
　　彼女は帽子をかぶります　→　帽子をかぶっています
　　［コート　ズボン　帽子］を脱ぎます　→　脱いでいます
2）どのくらい／500キロぐらい／2本ぐらい／3ヵ月ぐらい

［新しいことば］

店長（てんちょう）／着替えます／いらっしゃいませ／スパゲティ／アイスコーヒー
入れます／かしこまります／注文（ちゅうもん）／こっち／手伝（てつだ）います

練 習

① [　　] の中に言葉を入れて言いなさい。

1) 今 [　　] を書いています。　　　　　　　　　　　［漢字　文　手紙］

2) 今 [　　] を飲んでいます。　　　　　　　　　　［お茶　コーヒー　ビール］

3) 今 [　　] を食べています。　　　　　　　　　　［ご飯　そば　パン］

4) 今 [　　] を見ています。　　　　　　　　　　　［絵　テレビ　地図］

5) 今 [　　] を持っています。　　　　　　　　　　［本　かばん　コップ］

② [　　] のなかに形をかえ、言葉を入れて言いなさい。

1) ちょっと [　　] てください。　　　　　　　　　［待ちます　来ます　食べます］

2) 窓を [　　] てください。　　　　　　　　　　　［開けます　しめます　ふきます］

3) 本を [　　] てください。

　　　　　　　　　　　　　　　　　［開けます　とじます　持ちます　読みます　かします］

4) [　　] ないでください。　　　　　　　　　　　［たちます　すわります　行きます　来ます］

5) 窓を [　　] ないでください。　　　　　　　　　［開けます　しめます］

6) 本を [　　] ないでください。　　　　［開けます　見ます　読みます　わすれます］

書く

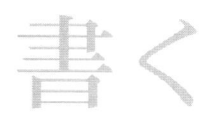

③ 下の絵を見て、「〜ています」で文を書きなさい。

1)
2)
3)
4)
5)

④ 下の絵を見て、「〜てください／〜ないでください」のどちらかで文を書きなさい。

1)
2)
3)
4)
5)

聞く

CD ②-15/CD ②-16

⑤ CDを聞いて、右と左を結びなさい。　　CD ②-15
今何をしていますか。

ハー　・　　　・テレビを見ています。
王　　・　　　・寝ています。
スミス・　　　・新聞を読んでいます。
ブレル・　　　・CDを聞いています。
キム　・　　　・椅子にすわっています。
田口　・　　　・コーヒーを飲んでいます。

⑥ CDを聞いて、最初にどちらをしますか、答えなさい。　　CD ②-16

1)　　a. 窓を開けます
　　　b. 窓をふきます
2)　　a. 掃除
　　　b. 洗濯
3)　　a. 銀行
　　　b. 郵便局
4)　　a. かぎ
　　　b. 電気
5)　　a. コピー
　　　b. 電話

聞く

CD ②-17/CD ②-18

⑦ CDを聞いて、質問に答えなさい。　　CD ②-17

1)

　　答（1）： _____

　　答（2）： _____

　　答（3）： _____

　　答（4）： _____

2)

　　答（1）： _____

　　答（2）： _____

　　答（3）： _____

　　答（4）： _____

⑧ CDを聞いて、質問に答えなさい。　　CD ②-18

1)

　　答： _____

2)

　　答： _____

3)

　　答： _____

4)

　　答： _____

10 アルバイト

聞く

CD ②-19/CD ②-20

⑨ CDを聞いて、右と左を結びなさい。　　CD ②-19

キム　・

王　　・

ハー　・

スミス　・

ブレル　・

⑩ CDを聞いて、「〜てください」の順番をつけなさい。　　CD ②-20

(　)　(　)　(　)　(　)

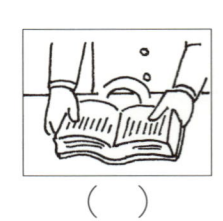

(　)

108　ひゃくはち

読む

⑪ 下の文を読んで、質問に答えなさい。

> こっちに来てください。ホワイトボードの前に立ってください。マーカーを持ってください。マーカーでひらがなの「あ」とカタカナの「ア」を書いてください。では、ひらがなの「あ」を消してください。私にマーカーをください。はい、ありがとう。では、席にもどってください。

質問

1）この生徒はどこに行きましたか。

2）生徒は何に書きましたか。

3）生徒は何を書きましたか。

4）生徒は何を消しましたか。

----

⑫ 下の文を読んで、質問に答えなさい。

> 駅から右を見てください。大きい神社がありますね。あれが有名な明治神宮です。そして、駅から左を見てください。広い道があります。わかい人達が歩いていますね。あれが表参道です。では、前を見てください。公園がありますね。あそこが代々木公園です。

質問

1）観光客は今どこにいますか。

2）代々木公園はどこにありますか。

3）表参道でだれがなにをしていますか。

4）明治神宮はどこにありますか。

パートナー

⑬ 絵を見て、右ページのパートナーに質問しなさい。

1）スミスさんは何をしていますか。
2）キムさんは _____
3）ハーさんは何をしていますか。
4）王さんは _____
5）ブレルさんは何をしていますか。
6）田口さんは _____

⑮ 絵を見て、「〜てください／〜ないでください」の文を言いなさい。

1）はい
2）（テスト）_____
3）はい
4）（さむい）_____
5）はい
6）（電車）_____

⑭ 絵を見て、左ページのパートナーの質問しなさい。

1）スミスさんは ＿＿＿＿＿＿＿＿＿＿＿＿＿＿＿＿＿＿＿＿＿

2）キムさんは何をしていますか。

3）ハーさんは ＿＿＿＿＿＿＿＿＿＿＿＿＿＿＿＿＿＿＿＿＿

4）王さんは何をしていますか。

5）ブレルさんは ＿＿＿＿＿＿＿＿＿＿＿＿＿＿＿＿＿＿＿＿＿

6）田口さんは何をしていますか。

⑯ 絵を見て、「～てください／～ないでください」の文を言いなさい。

1)　3)　5)

1）（映画館）＿＿＿＿＿＿＿＿＿＿＿＿＿＿＿＿＿＿＿

2）はい

3）（たいせつなこと）＿＿＿＿＿＿＿＿＿＿＿＿＿＿＿

4）はい

5）（教室で）＿＿＿＿＿＿＿＿＿＿＿＿＿＿＿＿＿＿＿

6）はい

アルバイト

ひろばで休もう 2

① （　　）の中に正しい言葉を入れなさい。

1）かのじょはデパートにふくを買い（　　　　）行きます。

2）私はコーヒー（　　　　）飲みたいです。

3）トマトは（　　　　）食べられます。

4）窓を開け（　　　　）でください。

5）私はリンゴ（　　　　）みかんのほうが好きです。

6）日曜日映画（　　　　）行きたいです。

7）日本でふじさん（　　　　）一番高いです。

8）これはたいせつ（　　　　）本です。

9）さるは動物園（　　　　）見られます。

10）きのうはわるい天気（　　　　）。

② 下の言葉をつかって、文をつくりなさい。

1）〜てください _____

2）〜ないでください _____

3）どちら _____

4）それで _____

③ 次のクロスワードをやりなさい。

よこ

1) テニスが〇〇〇〇。

2) テーブルの〇〇に犬がいます。

3) きれいな〇〇です。

4) にわに〇があります。

5) パパ ⟵⟶ 〇〇。

6) わたしはまいにち〇〇〇〇〇。

たて

a) 〇〇〇〇にのります。

b) 〇〇を開けます。

c) 私は日本語を〇〇〇〇〇。

d) 〇〇は山にいます。

ひろばで休もう

ひゃくじゅうさん 113

ひろば 11　携帯電話
けいたいでんわ

CD ②-21

王　：もしもし、田口さんですか。こんにちは、王です。
田口：あ、こんにちは。お元気ですか。
王　：はい、元気です。田口さんは？
田口：元気ですよ。
王　：今いそがしいですか。
田口：いいえ、ひまですよ。
王　：じゃ、今から行ってもいいですか。
田口：どうぞ、来てください。今どこにいますか。
王　：駅の近くにいます。
田口：じゃ、「本町」行きのバスに乗って、「本町2丁目」でおりてください。バス停でおりて、もう一度電話をしてください。

　　　　　　　＊　＊　＊

王　：もしもし、田口さん？　王です。今バスをおりました。この道をまっすぐ行きますか。
田口：いえ、まっすぐ行かないで、左の道に入ってください。

文　型

ここ	に	くるま	を	とめ	てもいい	です	か
					てはいけません		

かいしゃ	に	いっ	て	しごと	を	します	か
		いかない	で				
これ	は	はやく	て	べんり	です		
あの人		しんせつ	で	やさしい			

文　法

　　はやい　→　はやくて

用　法

　～てもいいです
　～てはいけません
　～て～ます
　～くて～
　～で～

[新しいことば]

　携帯（けいたい）電話／もしもし／～の近くに／ひま／２丁目（ちょうめ）
　～行（い）き／～に入ります／いえ

練　習

① ［　　］の中に言葉を入れて言いなさい。（形を変える）

1）ここに自転車を［　　　　　］てはいけません。

　　　　　　　　　　　　　　　　　　　　　　［止めます　置きます］

2）子供は［　　　　　］てはいけません。

　　　　　［わるい雑誌を読みます　おさけを飲みます　おとなのテレビ番組を見ます］

3）ここで［　　　　　］てはいけません。

　　　　　　　　　　　　　　　　　［写真をとります　ものを売ります　寝ます］

4）［　　　　　］てもいいですか。

　　　　　はい、［　　　　　］てもいいです。

　　　　　いいえ、［　　　　　］てはいけません。

　　　　　　　　　　　　　　　　　　　　　［見ます　はいります　ゴミをすてます］

② 下の二つの文を一つにして言いなさい。

1）会社に行きます＋仕事します

　　　→ --

2）朝起きます＋顔をあらいます

　　　→ --

3）今晩私はテレビを見ません＋勉強します

　　　→ --

4）あのレストランはやすいです＋おいしいです

　　　→ --

5）彼女はしんせつです＋やさしいです

　　　→ --

書く

③絵を見て、「てもいいです／てはいけません」の文を書きなさい。

1）

2）

3）

4）

5）

④絵を見て、「〜て〜」の文を書きなさい。

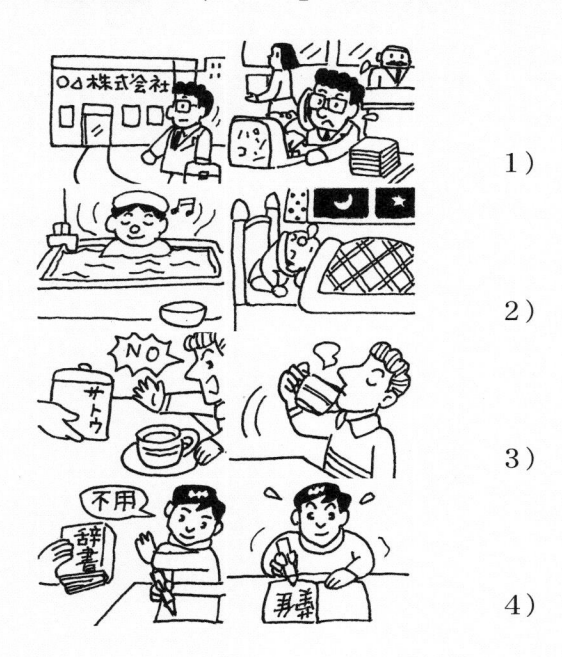

1）

2）

3）

4）

11 携帯電話

聞く　　CD ②-22/CD ②-23

⑤ CDを聞いて、どんなスポーツについて言っているか、番号をつけなさい。
CD ②-22

(　)　(　)　(　)　(　)

⑥ CDを聞いて、どの家のことを言っているか、番号をつけなさい。
CD ②-23

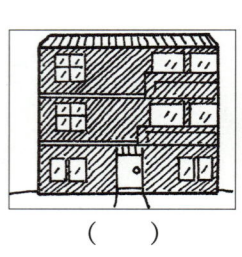

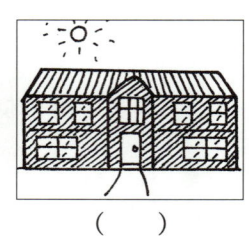

(　)　(　)　(　)　(　)

聞く

CD ②-24/CD ②-25

⑦ CDを聞いて、順番をつけなさい。　　CD ②-24

( )　　( )　　( )

( )　　( )　　( )

⑧ CDを聞いて、ねこをさがしなさい。　　CD ②-25

( )　　( )　　( )

( )

11
携帯電話

ひゃくじゅうく　119

聞く

CD ②-26/CD ②-27

⑨ 絵を見ながら、CDの質問に答えなさい。　CD ②-26

1)　はい／いいえ
2)　はい／いいえ
3)　はい／いいえ
4)　はい／いいえ
5)　はい／いいえ

⑩ CDを聞いて、正しい絵をえらびなさい。　CD ②-27

1) a. 　b. 
2) a. 　b. 
3) a. 　b. 
4) a. 　b. 
5) a. 　b.

読む

⑪ 下の会話を読んで、質問に答えなさい。

〈美術館〉
A：すみません。ここに車を止めてもいいですか。
警備員：ここに止めないで、駐車場に止めてください。
A：そうですか。駐車場まで運転してもいいですか。
警備員：いいですよ。でも、人がおおいから、ゆっくり運転してください。
B：すみません。カンをゴミばこに捨ててもいいですか。
警備員：いいえ。これはもえるゴミのゴミばこです。もえないゴミのゴミばこに捨ててください。
C：中に入って、たばこを吸ってもいいですか。
警備員：いいえ、いけません。外で吸ってください。

質問

1）車はどこに止められますか。

2）ここから駐車場まで行けますか。

3）カンをはどこに捨てられますか。

4）美術館の中でたばこが吸えますか。

⑫ 下の文を読んで、質問に答えなさい。

土曜日の朝、コーヒーを飲んで、新聞を読みました。私はコーヒーに砂糖を入れないで、飲みます。そして、家を出て、上野公園に行きました。天気が悪かったです。でも、かさを持たないで、行きました。公園でおばあさんと少し話しました。彼女は親切で、やさしかったです。電車に乗らないで、歩いて帰りました。

質問

1）この人はコーヒーに砂糖を入れて、飲みますか。

2）この人は朝ご飯を食べて、公園に行きましたか。

3）かさを持って行きましたか。

4）おばあさんはどんな人でしたか。

5）何かに乗って、帰りましたか。

パートナー

⑬ 右ページのパートナーに質問しなさい。

1）あなたは朝起きて何をしますか。

2）_____

3）学校に行って何をしますか。

4）_____

5）家に帰って何をしますか。

6）_____

⑮ 絵を見て、右ページのパートナーに質問しなさい。

1）（川）ここで魚をとってもいいですか。

2）はい／いいえ

3）（駐車場）ここに車を止めてもいいですか。

4）はい／いいえ

5）（海岸）ここで泳いでもいいですか。

⑭ 左ページのパートナーに質問しなさい。

1) _____

2) 顔を洗って何をしますか。

3) _____

4) 昼ご飯を食べて何をしますか。

5) _____

6) 晩ご飯を食べて何をしますか。

⑯ 絵を見て、左ページのパートナーに質問しなさい。

1) はい／いいえ

2) （カラオケ）ここで歌ってもいいですか。

3) はい／いいえ

4) （美術館）ここで写真をとってもいいですか。

5) はい／いいえ

携帯電話

ひろば 12　スポーツクラブ

CD ②-28

スミス：こんにちは。

ブレル：あ、こんにちは。スミスさんもここに来ていますか。

スミス：ええ、時間があるとき、ここに来ます。ブレルさんもここの会員ですか。

ブレル：ええ。エアロビクスをやっています。今少しふとっているからね。ここでトレーニングをずっとやるつもりですか。

スミス：そうです。3ヵ月ぐらいは続けるつもりです。

ブレル：3ヵ月？　短いですね。なぜですか。

スミス：いそがしいからですよ。

文　型

あなた	は	てがみ	を	かく	とき	ペン	を	つかいます	か
				いかない					
				さむい					
				いきたい					
			じこ	の					

あなた	は	しけん	が	ある	から	べんきょう	します	か
				いかない				
				ちいさい				
				いきたい				
			しんせつ	だ				

私	は	えいが	を	みる	つもり	です	
あなた		なに		する		です	か

用　法

とき
から
つもり
なぜ／～からです

[新しいことば]

会員／エアロビクス／やる／ふとります／トレーニング／ずっと
３ヵ月／続(つづ)ける

スポーツクラブ

練　習

① 二つの文を一つにして言いなさい。
1） 手紙を書きます＋ペンを使います
　　→ _____
2） 寝ます＋歯をみがきます
　　→ _____
3） 電車に乗ります＋切符を買います
　　→ _____
4） 旅行します＋カメラを持って行きます
　　→ _____
5） 天気がいいです＋洗濯します
　　→ _____
6） 本が読みたいです＋図書館に行きます
　　→ _____

②
A．二つの文を一つにして言いなさい。
1） 午後雨がふります＋かさを持って行きます
　　→ _____
2） 今晩いません＋あした来て下さい
　　→ _____
3） この料理はおいしいです＋たくさん食べます
　　→ _____
4） きょうは寒いです＋コートを着ます
　　→ _____
5） 今日は日曜日です＋やすみです

B．［　　］の中にことばをいれて言いなさい。（形を変える）
1） 今晩私はテレビを［　　　　］つもりです。
　　　　　　　　　　　　　　　　　　　［見ます　買います］
2） 週末私は山に［　　　　］つもりです。
　　　　　　　　　　　　　　　　　　　［行きます　のぼります］

書く

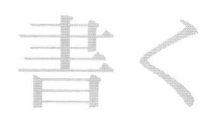

③ 絵を見て、「～とき～」の文を書きなさい。

1)

2)

3)

4)

④ 絵を見て、「～から～」の文を書きなさい。

1)

2)

3)

12 スポーツクラブ

聞く

CD ②-29/CD ②-30

⑤ CDを聞いて、質問に答えなさい。　　CD ②-29

1）質問：ハーさんはご飯を食べるとき、何を使いますか。
　　a. はし　b. フォーク

2）質問：スミスさんはステーキを食べるとき、何を使いますか。
　　a. はし　b. フォーク

3）質問：王さんは時間があるとき、何を書きますか。
　　a. 日記　b. 手紙

4）質問：ブレルさんは天気がいいとき、何をしますか。
　　a. 掃除　b. 洗濯

5）質問：キムさんは友達が来るとき、何をしますか。
　　a. 掃除　b. 料理

⑥ CDを聞いて、右と左を結びなさい。　　CD ②-30

ハ　ー　・　　　・テレビを見るつもりです

王　　　・　　　・寝るつもりです

スミス　・　　　・でかけるつもりです

ブレル　・　　　・買い物に行くつもりです

キ　ム　・　　　・図書館に行くつもりです

田　口　・　　　・本を読むつもりです

聞く

CD ②-31/CD ②-32

⑦ CDを聞いて、例のように答えなさい。　　CD ②-31

例）質問：なぜ図書館に行きますか。
　　答：本を読むからです。

1）答：＿＿＿＿＿＿＿＿＿＿＿＿＿＿＿＿＿＿＿＿＿＿＿＿＿＿＿

2）答：＿＿＿＿＿＿＿＿＿＿＿＿＿＿＿＿＿＿＿＿＿＿＿＿＿＿＿

3）答：＿＿＿＿＿＿＿＿＿＿＿＿＿＿＿＿＿＿＿＿＿＿＿＿＿＿＿

4）答：＿＿＿＿＿＿＿＿＿＿＿＿＿＿＿＿＿＿＿＿＿＿＿＿＿＿＿

5）答：＿＿＿＿＿＿＿＿＿＿＿＿＿＿＿＿＿＿＿＿＿＿＿＿＿＿＿

⑧ CDを聞いて、キムさんの予定の順番をつけなさい。　　CD ②-32

12 スポーツクラブ

聞く

CD ②-33/CD ②-34

⑨ CDを聞いて、右と左を結びなさい。　　CD ②-33
頭がいたいときなにをしますか。

ハー　・　　　　　・薬を飲みます

王　　・　　　　　・寝ます

スミス・　　　　　・薬をぬります

ブレル・　　　　　・運動をします

キム　・　　　　　・外に行きます

田口　・　　　　　・窓を開けます

⑩ CDを聞いて、右と左を結びなさい。　　CD ②-34

王　　・　　　　　・テレビが買いたいから、電気屋に行くつもりです。

ハー　・　　　　　・テレビが見たいから、早く家に帰るつもりです。

友達　・　　　　　・あたまがいたいから、はやく寝るつもりです。

スミス・　　　　　・時間があるから、今晩テレビを見るつもりです。

ブレル・　　　　　・おもしろい番組があるから、友達といっしょに見るつもりです。

キム　・　　　　　・あしたは日曜日だから、今晩おそくまでテレビを見るつもりです。

田口　・　　　　　・テレビがふるいから、新しいテレビを買うつもりです。

読む

⑪ 下の文を読んで、質問に答えなさい。

> 夏休み箱根に行くつもりです。箱根に行くとき、特急電車に乗ります。電車に乗っているとき、窓から写真をたくさんとるつもりです。写真をとるとき、使い捨てカメラを使います。使い捨てカメラはやすくて、べんりだからです。使い捨てカメラを買うとき、コンビニで買うつもりです。

質問

1）夏休みどこに行くつもりですか。
　　　　　　　　　　　　　　　　　　　　　　　　

2）なぜ使い捨てカメラを使いますか。
　　　　　　　　　　　　　　　　　　　　　　　　

3）いつ写真をとるつもりですか。
　　　　　　　　　　　　　　　　　　　　　　　　

4）いつ特急電車に乗りますか。
　　　　　　　　　　　　　　　　　　　　　　　　

5）どこで使い捨てカメラを買うつもりですか。
　　　　　　　　　　　　　　　　　　　　　　　　

⑫ 下の文を読んで、質問に答えなさい。

> 日本に来て、日本の料理をたくさん食べました。毎日たくさん食べるから、ふとりました。ふとっているから、ズボンがはけません。はけないから、大きいズボンを買いました。
> 今スポーツクラブにかよっているから、お金がありません。お金がないから、友達と遊びに行けません。

質問

1）なぜ遊びに行けませんか。
　　　　　　　　　　　　　　　　　　　　　　　　

2）なぜ大きいズボンを買いましたか。
　　　　　　　　　　　　　　　　　　　　　　　　

3）なぜスポーツクラブにかよっていますか。
　　　　　　　　　　　　　　　　　　　　　　　　

4）なぜお金がありませんか。

パートナー

⑬ 右ページのパートナーに質問しなさい。

1) お金がないとき、どうしますか。

2) _____

3) かぜのとき、どうしますか。

4) _____

5) 週末何をするつもりですか。

6) _____

⑮ 絵を見て、右ページのパートナーに質問しなさい。

1) なぜ足がいたいですか。

2) _____

3) なぜならんでいますか。

4) _____

5) なぜたくさん人がいますか。

⑭ 左ページのパートナーに質問しなさい。

1) _____

2) かぎがないとき、どうしますか。

3) _____

4) 今晩何をするつもりですか。

5) _____

6) 夏休み何をするつもりですか。

⑯ 絵を見て、左ページのパートナーに質問しなさい。

1) _____

2) なぜたくさん本を読んでいますか。

3) _____

4) なぜ買っていますか。

5) _____

ひろば 13　自動車学校

CD ②-35

先生：あそこに止まっている12番の車が、あなたが乗る自動車ですよ。さあ、行きましょう。

田口：よろしくお願いします。

先生：さあ、エンジンキーを回して。ゆっくりアクセルを踏んで。

田口：はい。

先生：運転は、はじめてですか。

田口：はい、そうです。

先生：じょうずですね。

田口：ありがとうございます。

先生：あ！　止めて！

田口：あ！　危ない！

先生：よく前を見てくださいよ。ときどき立っている人がいるから。

田口：すみません。

先生：バックするときは、もっと気をつけてくださいよ。

田口：先生、ちょっと恐いです。

先生：だいじょうぶですよ。運転することはむずかしくないから。

文　型

あなた	は	テレビ	を	みる	こと	が	すきです	か
		いい			こと		です	か
		たいせつ	な					

あれ	は	じどうしゃ	を	つくる	こうじょう		です	か
				たっている	ひと	は	だれ	です

用　法

こと
つくる（工場）／〜ている（人）

[新しいことば]

〜番（ばん）／さあ〜ましょう／エンジンキー／回（まわ）す／アクセル／踏（ふ）む／はじめて／危（あぶ）ない／すみません／バックする／もっと／気をつける／恐（こわ）い

13　自動車学校

練　習

① ［　　］の中に言葉を入れて言いなさい。(形を変える)

1) 彼はカメラを［　　　　　　］ことが好きです。
　　　　　　　　　　　　　　　［あつめます　なおします　買います］

2) あの人は［　　　　　　］ことがきらいです。
　　　　　　　　　　　　　［泳ぎます　掃除します　歩きます　朝早く起きます］

3) 私の趣味は［　　　　　　］ことです。
　　　　　　　　　　　　　［切手をあつめます　音楽を聞きます　映画を見ます］

4) ［　　　　　　］ことはいいことです。
　　　　　　　　　　　　　［スポーツをします　散歩します　ときどき外を見ます］

5) ［　　　　　　］ことは悪いことです。
　　　　　　　　　　　　　［たくさんおさけを飲みます　こどもがたばこをすいます］

② ［　　］の中に言葉を入れて言いなさい。(形を変える)

1) あの工場は自動車を［　　　　　　］工場です。
　　　　　　　　　　　　　　　　　　［つくります　なおします］

2) 喫茶店は［　　　　　　］ところです。
　　　　　　　　　　　　　［コーヒーを飲みます　話します　食事をします］

3) ［　　　　　　］人はハーさんです。
　　　　　　　　　［立っています　座っています　歩いています　走っています］

4) ［　　　　　　］人はブレルさんです。
　　　　　［赤い服を着ています　白いスカートをはいています　めがねをかけています］

5) 王さんが［　　　　　　］部屋は305号室です。
　　　　　　　　　　　　　　　　　［すんでいます　とまっています］

書く

③ 絵を見て、「〜ことが好きです」の文を書きなさい。

1)

2)

3)

4)

④ 下の絵を見て、文を書きなさい。

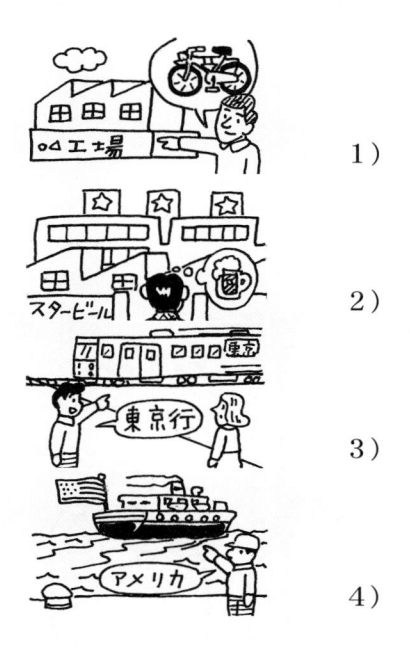

1)

2)

3)

4)

聞く

CD ②-36/CD ②-37

⑤ CDを聞いて、正しい絵をえらびなさい。　　CD ②-36

1）何をつくる工場ですか。
　　a. 　　　　b. 　　　　c. 　　　　d.

2）何をするところですか。
　　a. 　　　　b. 　　　　c. 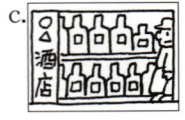　　　　d.

3）何をするところですか。
　　a. 　　　　b. 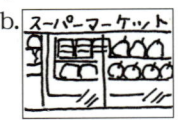　　　　c. 　　　　d.

4）どこに行く電車ですか。
　　a. 　　　　b. 　　　　c. 　　　　d.

⑥ 絵を見ながら、CDの質問に答えなさい。　　CD ②-37

1）_____

2）_____

3）_____

4）_____

5）_____

138　ひゃくさんじゅうはち

⑦ 5人は映画を見に行きました。5人の映画の話をCDで聞いて、（ ）の中に順番を入れなさい。　　CD ②-38

1）（王さん）

2）（ハーさん）

3）（キムさん）

4）（ブレルさん）

5）（スミスさん）

（　）　　（　）　　（　）　　（　）　　（　）

⑧ CDを聞いて、きょうやる予定に順番を入れなさい。　　CD ②-39

（　）　　（　）　　（　）

（　）　　（　）　　（　）

聞く

CD ②-40/CD ②-41

⑨ CDを聞いて、5人のアルバイトをえらびなさい。　　CD ②-40

ハー　・　　　　　　　　　　　・パンをつくること

王　　・　　　　　　　　　　　・皿をあらうこと

スミス　・　　　　　　　　　　・計算すること

キム　・　　　　　　　　　　　・売ること

ブレル　・　　　　　　　　　　・注文を聞くこと

⑩ CDを聞いて、5人はどんなことが好きか答えなさい。　　CD ②-41

ハー　・　　　　　　　　　　　・テレビを見ること

王　　・　　　　　　　　　　　・切手をあつめること

スミス　・　　　　　　　　　　・歌を歌うこと

キム　・　　　　　　　　　　　・おどること

ブレル　・　　　　　　　　　　・CDを聞くこと

⑪ 次の文を読んで、質問に答えなさい。

> ここは図書館です。図書館は本を読むところです。そして、本を調べるところです。ハーさんはここで本のカードを調べています。ハーさんのうしろで、めがねをかけている人が本を読んでいます。その人はブレルさんです。ブレルさんの好きな本は子どもの本です。先週も読みました。図書館の下に喫茶室があります。喫茶室は飲みものを飲むところです。二人は図書館を出て、喫茶室に行きました。

質問

1）図書館は何をするところですか。

2）ハーさんのうしろにいる人はだれですか。

3）ブレルさんの好きな本は何ですか。

4）二人は図書館を出て、どこに行きましたか。

⑫ 次の文を読んで、質問に答えなさい。

> 私の趣味はスポーツクラブに行くことです。トレーニングすることはいいことです。私の弟はコンピュータゲームで遊ぶことが好きです。でも、机の前で勉強することがきらいです。父はよく車に乗ります。運転することがじょうずです。
> 母はきれいなものが好きだから、いつも掃除をしています。私も時間があるとき、母を手伝います。でも、弟は掃除がきらいだから、遊びに行きます。

質問

1）この人の趣味は何ですか。

2）弟さんはどんなことがきらいですか。

3）お母さんはどんなものが好きですか。

4）お父さんは何がじょうずですか。

パートナー

⑬ 絵を見て、「〜ているもの」を使って右ページのパートナーに質問しなさい。

1)（くつ屋）どんなくつがいいですか。

2) _____

3)（バスの停留所）あそこに止まっている
   バスはどこに行くバスですか。

4) _____

⑮ 絵を見て、右のページのパートナーに質問しなさい。

1) 立っている人は何人いますか。
2) ビールを飲んでる人は何人いますか。
3) 歌を歌っている人は何人いますか。
4) 座って話している人は何人いますか。
5) おどっている人は何人いますか。

⑭ 絵を見て、「〜ているもの」を使って左のページのパートナーに質問しなさい。

1) _____

2)（スーパー）これはいくらですか。

3) _____

4)（本屋）写真がのっている雑誌はどれですか。

⑯ 絵を見て、左ページのパートナーに答えなさい。

1) _____
2) _____
3) _____
4) _____
5) _____

自動車学校

ひろば 14　正月

CD ②-42

田口：もうすぐ正月ですね。

ハー：日本のお正月には、どんなことをしますか。

田口：母が作った料理をみんなで食べますよ。おもちも食べます。

キム：私もソウルの日本料理店に行ったとき、おもちを食べたことがあります。韓国のおもちと少し違いますね。

スミス：アメリカでは、正月よりクリスマスがにぎやかですよ。クリスマスには、休みもとれるから。

田口：じゃ、子どものとき、正月に家族でどこかに行ったことがありますか。

スミス：小さかったから、よく覚えていません。でも、ほとんどありませんね。父も母も1月2日には会社に行ったから。

ハー：ベトナムも同じですね。休みは1月1日だけ。ベトナムのお正月は2月だから。

田口：キムさん、正月にはアルバイトは休みですね。

キム：はい。弟が遊びに来たから、いっしょにどこかに行くつもりです。

文　型

きょうと	に	いっ	た	とき	しゃしん	を	とりました	か
		のん	だ					
		のまなかっ						
		さむかっ	た	から				
		しんせつだっ						

きょうと	に	いった		こと	が	あります	か

きのう				たべ	た	りょうり	は	おいしかった	です
それ	は	あなた	が	つくっ			です		か

用　法

～たとき
たから
～たことがある
つくった（料理）

[新しいことば]

（お）正月（しょうがつ）／～には／みんなで／おもち／と違（ちが）う／～では／クリスマス／にぎやか／休みをとる／覚（おぼ）える／ほとんど～ない／～だけ

練　習

① 二つの文を一つにして言いなさい。
1）かまくらに行きました＋写真をとりました
　　→
2）友達が来ました＋寝ていました
　　→
3）家につきました＋電話がなりました
　　→
4）きのう休みました＋元気になりました
　　→
5）けさ朝ご飯を食べませんでした＋おなかがすきました
　　→
6）きのうとてもいそがしかったです＋つかれました
　　→
7）山はきれいでした＋写真をたくさんとりました
　　→

② A．［　　　］の中に言葉を入れて言いなさい。（形を変える）
1）あなたは［　　　］たことがありますか。
　［うまに乗りました　かじを見ました　着物を着ました　日光に行きました］
　はい、［　　　］たことがあります。
　いいえ、［　　　］たことがありません。

　B．二つの文を一つにして言いなさい。
1）週末映画を見ました＋おもしろかったです
　　→
2）ゆうべ日本料理を食べました＋おいしかったです
　　→
3）きのう人に会いました＋子供のときからの友達です
　　→
4）せんしゅう行きました＋北海道です
　　→

③ 次の絵を見て、「だから」の文を書きなさい。

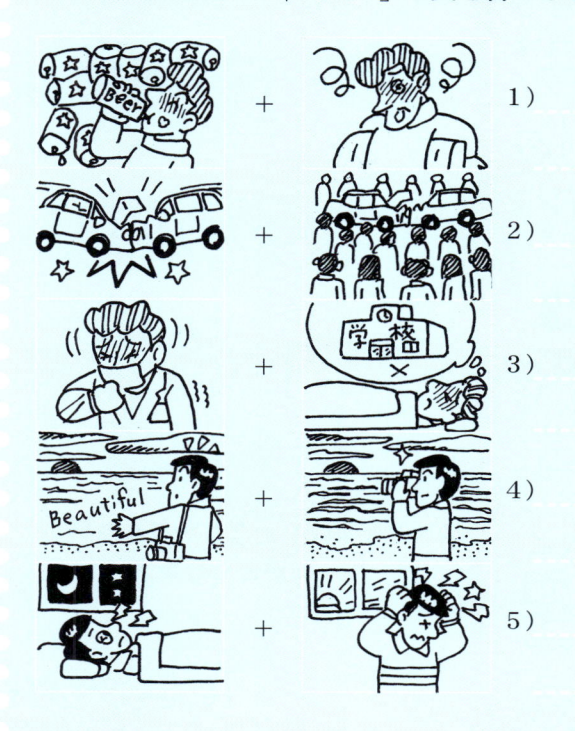

1)
2)
3)
4)
5)

④ 次の絵を見て、文を書きなさい。

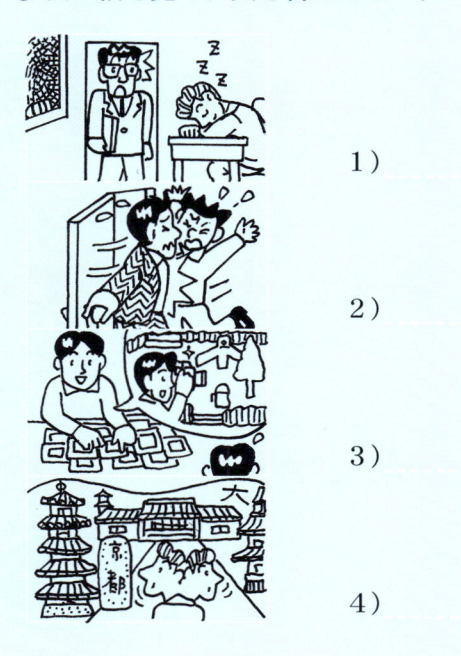

1)
2)
3)
4)

正月

聞く

CD ②-43/CD ②-44

⑤ CDを聞いて、右と左を結びなさい。　　CD ②-43

ハー・

スミス・

キ ム・

ブレル・

王　・

⑥ CDを聞いて、だれがどんな料理を作ったかえらびなさい。

CD ②-44

スミス・

キ ム・

王　・

ハー・

ブレル・

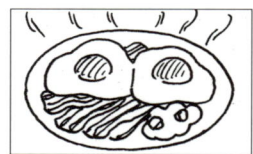

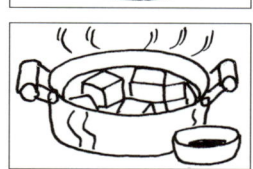

聞く

CD ②-45/CD ②-46

⑦ CDを聞いて、質問に答えなさい。　　CD ②-45

1)
　　答：_____
2)
　　答：_____
3)
　　答：_____
4)
　　答：_____
5)
　　答：_____

⑧ CDを聞いて、質問に答えなさい。　　CD ②-46

1)
　　答：_____
2)
　　答：_____
3)
　　答：_____
4)
　　答：_____
5)
　　答：_____

14 正月

聞く

CD ②-47/CD ②-48

⑨ CDを聞いて、質問に答えなさい。　　CD ②-47

質問 1）答：＿＿＿＿＿＿＿＿＿＿＿＿＿＿＿＿＿＿＿＿＿
　　　2）答：＿＿＿＿＿＿＿＿＿＿＿＿＿＿＿＿＿＿＿＿＿
　　　3）答：＿＿＿＿＿＿＿＿＿＿＿＿＿＿＿＿＿＿＿＿＿
　　　4）答：＿＿＿＿＿＿＿＿＿＿＿＿＿＿＿＿＿＿＿＿＿
　　　5）答：＿＿＿＿＿＿＿＿＿＿＿＿＿＿＿＿＿＿＿＿＿

⑩ 6人はおもちゃの飛行機を買いました。どんな飛行機を買ったか（　　　）の中に名前を書きなさい。　　CD ②-48

ブレル　　キム　　王　　ハー　　スミス　　田口

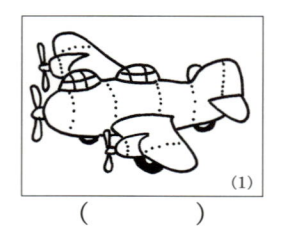

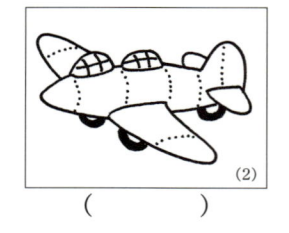

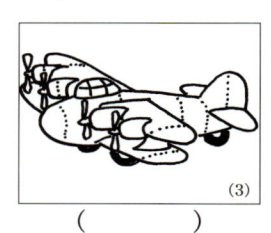

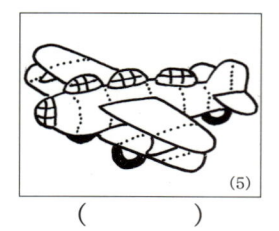

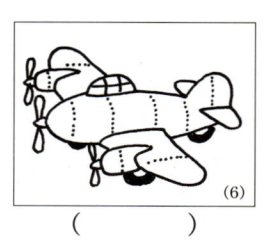

(1) (　　　)　　(2) (　　　)　　(3) (　　　)

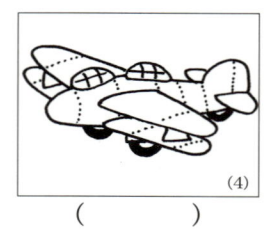

(4) (　　　)　　(5) (　　　)　　(6) (　　　)

⑪ **下の文を読んで、質問に答えなさい。**

> 私はきょねん、京都に行きました。着物屋で着物を着ました。赤と青の色を使ったきれいな着物でした。夜食べた京都料理はおいしかったです。野菜をたくさん入れた料理でした。お酒をたくさん飲んだから、よっぱらいました。お店を出て、川の近くを散歩しました。おみやげも買いました。買ったおみやげは、木と紙で作った小さいおもちゃでした。でも、アルバイトがあったから、3日だけで東京に帰りました。

質問

1) 京都で着た着物はどんな着物でしたか。
   ----
2) 夜食べた料理はどんな料理でしたか。
   ----
3) 買ったおみやげはどんなおみやげですか。
   ----
4) なぜ東京に早く帰りましたか。
   ----

⑫ **次の文を読んで、正しい答えに○をつけなさい。**

> 田口さんは九州に行ったことがあります。ハーさんはまだありません。でも、ハーさんは沖縄に行ったことがあります。キムさんはまだありません。でも、キムさんは沖縄のお酒を飲んだことがあります。田口さんはお酒があまり好じゃないから、ほとんど飲んだことがありません。でも、九州でお酒を少し飲んだことがあります。

質問

1) 田口さんは九州に行って、お酒を飲んだことがあります。
   はい／いいえ
2) 田口さんはお酒を飲んだことがあります。
   はい／いいえ
3) キムさんは沖縄に行ったことがありません。
   はい／いいえ

パートナー

⑬ 絵を見て、右ページのパートナーに「なぜ」で質問しなさい。

1) なぜ赤い顔をしていますか。

2) _____

3) なぜ服をたくさん着ていますか。

4) _____

⑮ 絵を見て、右ページのパートナーに「〜たことがありますか」で質問しなさい。

1) 馬に乗ったことがありますか。

2) はい／いいえ

3) 北海道に行ったことがありますか。

4) はい／いいえ

正月

⑭ 絵を見て、左ページのパートナーに「なぜ」で質問しなさい。

1) ＿＿＿＿＿＿＿＿＿＿＿＿＿＿＿＿＿＿＿＿＿

2) なぜ人がたくさんいますか。

3) ＿＿＿＿＿＿＿＿＿＿＿＿＿＿＿＿＿＿＿＿＿

4) なぜ目が赤いですか。

⑯ 絵を見て、左ページのパートナーに「～たことがありますか」で質問しなさい。

1) はい／いいえ

2) 下駄をはいたことがありますか。

3) はい／いいえ

4) お酒を飲んだことがありますか。

ひろば 15　パソコンを買う

CD ②-49

ブレル：王さん、私のパソコン、スイッチを押したけれども、動きません。

王：そのパソコン、いつ買いましたか。

ブレル：5年前です。

王：もう古いですね。新しいものを買ったほうがいいですよ。

ブレル：そうですか。どこの店が安いですか。

王：秋葉原の電気街がいいですよ。あそこにはたくさんお店があるから、安いものがありますよ。

ブレル：いいかもしれませんね。でも、秋葉原は家からちょっと遠いですね。

王：じゃあ、高いかもしれないけれども、近くの店で買ったほうがいいですよ。こわれたときに、便利かもしれないから。

文　型

この	おんがく	は	よく	きく	けれども	なまえ	は	しりません
のまない								
いった								
やすい								
たかかった								
ゆうめいだった								

ふるい	
ふるかった	
ねた	かもしれません
おおきい	
かぜ	
しんせつ	

この	みち	を	いった / いかない	ほうが	いい	です

用　法

けれども
かもしれません
〜たほうがいいです
〜ないほうがいいです

[新しいことば]

パソコン／スイッチ／押（お）す／動（うご）く／〜年／もう／古（ふる）い／新（あたら）しい／安（やす）い／電気街（でんきがい）／こわれる／便利（べんり）な

練　習

① 二つの文を「けれども」を使って、一つにして言いなさい。

1）この食べ物はよく食べます＋名前は知りません
　　　→ _____

2）時間がありません＋会います
　　　→ _____

3）2時間待ちました＋友達はきませんでした
　　　→ _____

4）天気が悪かったです＋でかけました
　　　→ _____

5）かのじょは親切です＋やさしいです
　　　→ _____

6）きょうは休みです＋仕事します
　　　→ _____

② A．［　］の中に言葉を入れて言いなさい。（形を変える）

1）はやく［　　　　　　］たほうがいいです。

　　　　　　　［やすみます　帰ります　薬を飲みます　病院に行きます］

2）それは古いから、［　　　　　　］ないほうがいいです。

　　　　　　　［食べます　飲みません　買います　つかいます］

　B．［　］の中に言葉を入れて言いなさい。（形を変える）

1）部屋がくらいから、［　　　　　　］かもしれません。

　　　　　　　［帰りました　いません　寝ています］

2）このくつは［　　　　　　］かもしれません。

　　　　　　　［おおきい　小さい　おもい］

書く

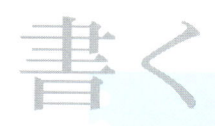

③ 下の絵を見て、「けれども」の文を書きなさい。

1)

2)

3)

4)

④ 下の絵を見て、「かもしれません」の文を書きなさい。

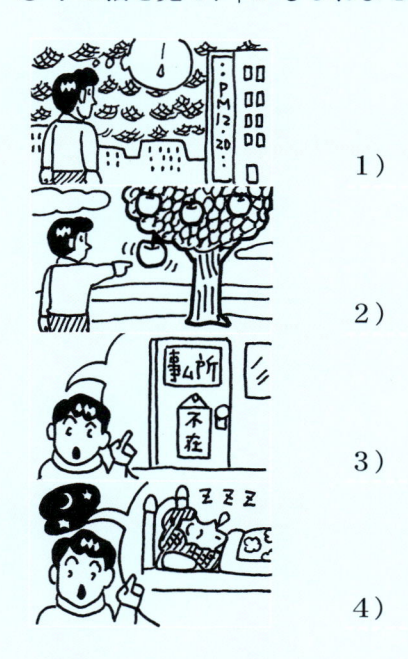

1)

2)

3)

4)

15 パソコンを買う

聞く

CD ②-50/CD ②-51

⑤ CDを聞いて、質問に答えなさい。　　CD ②-50

1) 答：＿＿＿＿＿＿＿＿＿＿＿＿＿＿＿＿＿＿＿＿＿＿＿＿＿＿

2) 答：＿＿＿＿＿＿＿＿＿＿＿＿＿＿＿＿＿＿＿＿＿＿＿＿＿＿

3) 答：＿＿＿＿＿＿＿＿＿＿＿＿＿＿＿＿＿＿＿＿＿＿＿＿＿＿

4) 答：＿＿＿＿＿＿＿＿＿＿＿＿＿＿＿＿＿＿＿＿＿＿＿＿＿＿

5) 答：＿＿＿＿＿＿＿＿＿＿＿＿＿＿＿＿＿＿＿＿＿＿＿＿＿＿

⑥ CDを聞いて、絵をヒントにしながら「～かもしれません」の文で言いなさい。

CD ②-51

1) ＿＿＿＿＿＿＿＿＿＿＿＿＿＿＿＿＿＿＿＿＿＿

2) ＿＿＿＿＿＿＿＿＿＿＿＿＿＿＿＿＿＿＿＿＿＿

3) ＿＿＿＿＿＿＿＿＿＿＿＿＿＿＿＿＿＿＿＿＿＿

4) ＿＿＿＿＿＿＿＿＿＿＿＿＿＿＿＿＿＿＿＿＿＿

聞く

CD ②-52/CD ②-53

⑦ CDを聞いて、右と左を結びなさい。　CD ②-52

1)・　　　　　　　　　　・止まりません
2)・　　　　　　　　　　・うつりません
3)・　　　　　　　　　　・うごきません
4)・　　　　　　　　　　・つきません
5)・　　　　　　　　　　・だれもでません

⑧ CDを聞いて、意味のあった方の絵をえらびなさい。　CD ②-53

1) a. けれども
   b. けれども

2) a. けれども
   b. けれども

3) a. けれども
   b. けれども

15 パソコンを買う

聞く

CD ②-54/CD ②-55

⑨ CDを聞いて、正しい絵はどれか答えなさい。　　CD ②-54

1)　a.　　b.　　c.　　d.

2)　a.　　b.　　c.　　d.

3)　a.　　b.　　c.　　d.

4)　a.　　b.　　c.　　d.

⑩ CDを聞いて、正しい方をえらびなさい。　　CD ②-55

1)
　　a．新しいものを買います　　b．新しいものを買いません

2)
　　a．高いものを買います　　b．高いから買いません

3)
　　a．朝早く運転します　　b．朝早く運転しません

4)
　　a．運転します　　b．運転しません

5)
　　a．雑誌を見ます　　b．雑誌を見ません

6)
　　a．雑誌を見ます　　b．雑誌を見ません

⑪ 下の文を読んで、質問に答えなさい。

> きのう銀座に行きました。デパートの前で友達と会う約束をしました。1時間待ったけれども、友達は来ませんでした。約束をわすれたかもしれません。雨がふってきたから、デパートに入りました。
> デパートにとてもいいジャケットがありました。やすかったけれども、Lサイズでした。でも、私はそれを買いました。父に送るつもりです。父には少し大きいかもしれません。

質問

1) 友達に会えましたか。

　　　　　--

2) この人はなぜデパートに入りましたか。

　　　　　--

3) なぜジャケットを買いましたか。

　　　　　--

4) このジャケットはどうしますか。

　　　　　--

⑫ 下の会話を読んで、質問に答えなさい。

> ハー：スミスさんはきょう学校に来ていませんね。
> キム：病気かもしれませんね。電話したほうがいいですよ。
> ハー：じゃ、電話しましょう……。あ、出ませんね。
> キム：家に行ったほうがいいかもしれませんね。
> ハー：でも、きょうは雨がふっています。そして、ちょっと寒いです。

質問

1) スミスさんはなぜ学校を休みましたか。

　　　　　--

2) 二人はスミスさんの家に行きましたか。

　　　　　--

パートナー

⑬ 絵を見て、「～かもしれません」を使った会話をしなさい。

1) 雨が降りますか。

2) ＿＿＿＿＿＿＿＿＿＿＿＿＿＿＿＿＿＿＿＿

3) 1000円でいいですか。

4) ＿＿＿＿＿＿＿＿＿＿＿＿＿＿＿＿＿＿＿＿

⑮ 絵を見て、右ページのパートナーに質問しなさい。

（旅行社）

1) 週末旅行がしたいです。どこがいいですか。

2) 連休だから、＿＿＿＿＿＿＿＿。

3) こみますか。

4) 高いけれども、＿＿＿＿＿＿＿＿＿。

5) 電車とバスとどちらがいいですか。

6) ＿＿＿＿＿＿＿＿たほうがいいです。

⑭ 絵を見て、「～かもしれません」を使った会話をしなさい。

1) _____

2) スミスさんは部屋にいますか。

3) _____

4) （服）ちょうどいいですか。

⑯ 右ページのパートナーに質問しなさい。

（旅行社）

1) 遠いけれども、_____。

2) 来週は連休です。だいじょうぶですか。

3) 有名なところだから、_____。

4) 費用はどのくらいですか。

5) _____のほうがいいかもしれません。

6) 飛行機と船とどちらのほうがいいですか。

パソコンを買う

ひろばで休もう　3

① （　　）の中に正しい言葉を入れなさい。

1）このみちを行った（　　　　）がいいですよ。

2）A：ここにくるまを止め（　　　　）いいですか。
　　B：いいえ、とめ（　　　　）いけません。

3）ここでバス（　　　　）おりてください。

4）A：今晩はやく寝る（　　　　）です。
　　B：（　　　　）はやくねますか。

5）私の休みは日曜日（　　　　）です。

6）運転するとき、（　　　　）をつけます。

7）クリスマスにあなたの国（　　　　）どんなことをしますか。

8）母（　　　　）つくった料理はおいしい。

② 下の言葉をつかって、文をつくりなさい。

1）～とき～ _____

2）～て～ _____

3）～こと _____

4）～から～ _____

5）～けれども _____

3 ひろばで休もう

③ 次のしりとりワードをやりなさい。

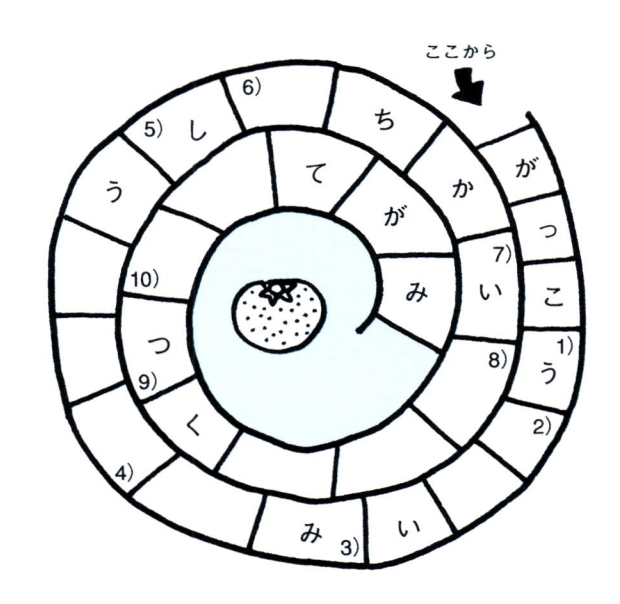

しりとりワード

1) 彼女は○○がじょうずだ。

2) やすい ⟷ ○○○

3) ひとり ⟷ ○○○

4) 私は○○○○がきらいだ。

5) なな ＝ ○○。

6) あなたのおとうさん ＝ わたしの○○。

7) ○○にすわる。

8) 学校で○○○○をべんきょうする。

9) 太陽（たいよう） と ○○。

10) ○○○をはる。

索　引

* 主として「新しいことば」を収録。
* 地名・人名ははぶく。

あ行

アイスコーヒー	102
アクセル	134
アパート	82
アメリカ	7
あ（会）えます	94
あお（青）い	10
あか（赤）い	12
あかるい	82
あき（秋）	98
あ（開）けます	104
あさ（朝）	30
あした	50
あそこ	21
あたたかい	64
あたら（新）しい	21
あつい	26
あつめます	136
あなた	11
あに（兄）	73
あね（姉）	73
あの	21
あぶ（危）ない	134
あります	50
ある（歩）いています	136
ある（歩）きます	136
あれ	11
いい	21
いいなさい	12
いえ	114
い（行）きます	41
いくつ	33
いし（石）	94
いす（椅子）	3
いそがしい	64
いちばん	83
いぬ	31
います	51
いもうと（妹）さん	73
いらっしゃいませ	102
いりぐち（入口）	22
い（入）れて	12
い（入）れます	102
いろ（色）	82
〜い（行）き	114
うえ	31
うけつけ（受付）	22
うご（動）く	154
うしろ	63
うち（家）	51
うどん	46
うみ（海）	89
うめ（梅）	99
うんてんしゅ（運転手）	12
エアコン	40
エアロビクス	124
エレベーター	22
エンジンキー	134
え（絵）	4
ええ	62
えき（駅）	3
えらびなさい	14
えん（円）	50
えんぴつ	22
おいしい	21
おお（大）きい	20
おかあ（母）さん	73
おかね（金）	22
お（起）きます	42
お（押）す	154
おそい	21
おちゃ（茶）	10
おとう（父）さん	73
おとうと（弟）さん	73
おにい（兄）さん	73
おねえ（姉）さん	73
おねが（願）いします	72
おぼ（覚）える	144
おまわりさん	12
おみやげ	10
おもい	21
おもしろい	22
おもち	144
およぎ	89
おんがく（音楽）	42
おんせん（温泉）	57

か行

カーテン	7
カセット	7
カメラ	7
かいいん（会員）	124
かいしゃいん（会社員）	12
かいだん（階段）	20
か（買）います	42
か（変）えなさい	22
かえ（帰）ります	42
か（書）きなさい	4
か（書）きます	42
かぎ	106
かぎをかけます	40
がくせい（学生）	11
かご	31
かさ	17
かしこまります	102
かぜをひ（引）きます	92
かぞく（家族）	73

かたい	26	コーヒー	7	しゅみ（趣味）	136
かたち（形）	22	コーラ	69	じゅんばん（順番）	15
がっこう（学校）	3	コップ	7	しょうがつ（正月）	144
かのうけい（可能形）	94	ゴミ	40	しら（調）べる	141
かのじょ（彼女）	11	コンビニ	50	しろ（白）い	12
かばん	3	こうえん（公園）	22	じん（人）	20
かぶります	103	こうさてん（交差点）	72	しんかんせん（新幹線）	3
かみ（紙）	52	こうじょう（工場）	135	じんじゃ（神社）	109
かもしれません	154	こうばん（交番）	72	しんぶん（新聞）	3
かよう	131	ここ	20	スイッチ	7
から	32	こたえ（答）	14	スープ	25
かるい	21	こっち	102	スカート	69
かれ（彼）	11	こと	135	スパゲティ	102
かわ（川）	33	ことば（言葉）	12	ズボン	131
かんこく（韓国）	20	この	20	すいか	99
かんせい（完成）	55	これ	11	す（好）き	82
かんでんち（乾電池）	50	こわ（恐）い	134	すし	101
き（木）	12	こわれる	154	すずしい	64
き（機）	40	こんにちは	10	ずっと	124
き（聞）いて	14			すみません	50
きいろい	22	さ行		すわっ（座）ています	136
きが（着替）えます	102	さあ～ましょう	134	～ずつ	92
きき（聞）ます	42	さかな（魚）	84	せっけん	50
きって（切手）	3	さくら（桜）	99	せまい	21
きっぷ（切符）	3	さしみ	62	せん（線）	36
き（着）ています	136	ざっし（雑誌）	3	せんたく（洗濯）	40
き（来）ます	84	さむい	69	ぜんぶ（全部）	30
きもの（着物）	151	さら（皿）	140	ソファ	31
ぎゅうにゅう（牛乳）	25	さんかげつ（3ヵ月）	124	そうじ（掃除）	40
きょう	50	さんぽ（散歩）	89	そこ	21
きょうしつ（教室）	20	CD	5	その	21
きょうだい（兄弟）	73	ジュース	7	そば	42
きょうとりょうり（京都料理）		じ（時）	30	それ	11
	151	じかん（時間）	30	それで	92
き（気）をつける	134	じこくひょう（時刻表）	3		
ぎんこう（銀行）	88	しごと（仕事）	69	た行	
クリスマス	144	じしょ（辞書）	16	タクシー	41
くうこう（空港）	10	した	4	タワー	7
くすり（薬）	92	しつ（室）	40	だいじょうぶです	92
くろ（黒）い	11	しつもん（質問）	17	たかい	21
けいさん（計算）する	140	じてんしゃ（自転車）	19	だから	144
けいたいでんわ（携帯電話）	114	じどうしゃ（自動車）	42	たくさん	63
けれども	154	しめます	104	た（食）べます	40

ひゃくろくじゅうしち 167

ただ（正）しい	14	ドア	7	〜に	83
たっ（立）ています	136	トイレ	7	〜には	144
たて	61	トレーニング	124	〜にはい（入）ります	115
たまご（卵）	42	と	50	ぬ（脱）ぎます	103
だれ	10	どうかしましたか	92	ねこ	31
〜たいです	75	どうし（動詞）	43	ねつ（熱）はありますか	92
〜だけ	144	どうもありがとうございます	10	ね（寝）ます	42
ちず（地図）	30	とお（遠）い	82	〜ね	92
ちち（父）	73	とき	125	〜ねん（年）	154
ちゅうごく（中国）	20	とけい（時計）	3	の	10
ちゅうしゃじょう（駐車場）	121	どこ	21	の（飲）みます	42
ちゅうもん（注文）	102	ところ	138	の（乗）ります	41
ちょっと	72	としょかん（図書館）	52	〜のちかく（近）くに	114
つかいすて（使い捨て）	131	とちが（違）う	144	は行	
つくえ（机）	12	どちら	82	パソコン	154
つくります	136	とっきゅうでんしゃ（特急電車）	131	バックする	134
つくる	135	とても	62	パン	42
つけなさい	15	となり	62	はい（入）って	114
つづ（続）ける	124	どのくらい	92	はきます	103
つめたい	26	ともだちのいえ（友達の家）	52	はこ	31
つもり	125	とり（鳥）	31	はし	128
ティッシュ	50	どんな	21	はじめて	134
テーブル	31	な行		はじめまして	10
テレビ	7	ナイフ	7	はな（話）します	94
て（で）	115	ない	103	はは（母）	73
ていしょく（定食）	62	なおします	136	は（歯）みがき	50
ています	102	なおります	92	はやい	21
てがみ（手紙）	42	なか	31	はる（春）	98
できます	94	ながい	21	ばんごう（番号）	26
てください	103	なし	99	〜ばん（番）	134
でぐち	21	なぜ	152	ピザ	69
でした	65	なつ（夏）	98	ビル	7
です	10	なん	10	ひ（引）きなさい	36
てつだ（手伝）います	102	にぎやか	144	ひくい	21
ては	115	にく（肉）	84	ひこうき（飛行機）	74
では	144	にちょうめ（2丁目）	114	ひだり（左）	19
ても	114	にっき（日記）	42	ひっこします	82
でも	50	にまがります	72	ひつよう（必要）	22
でんきがい（電気街）	154	にもつ（荷物）	94	ひま	114
でんしゃ（電車）	3	にゅうじょうりょう（入場料）	30	ひよう（費用）	163
てんちょう（店長）	102			ひょう（表）	55
でんわ（電話）	28			ひる（昼）	92
〜ているもの	142				

ひろい	21	まど（窓）	3	やまのてせん（山手線）	30
フォーク	128	まわ（回）す	134	やる	124
フライドチキン	69	まんが	22	ゆうめい（有名）	163
ブラウス	69	みぎ（右）	18, 72	ヨット	7
ふとっている	124	みじかい	21	よ	40
ふとります	125	みず（水）	42	ようび（曜日）	40
ふとる	131	みち（道）をききます	72	ようふくや（洋服屋）	69
ふね（船）	74	み（見）て	4	よく〜ます	62
ふ（踏）む	134	み（見）ます	42	よこ	61
ふゆ（冬）	99	みみ（耳）	89	よ（読）みます	42
ふる（古）い	21	みんなで	144	よる（夜）	30
ふん，ぷん（分）	30	むす（結）びなさい	26	**ら行**	
ペン	7	むずかしい	21	ラジオ	42
へや（部屋）	22	め（目）	89	りょう（寮）	40
べんきょう（勉強）します	47	めがね	3	りょうしん（両親）	73
べんり（便利）な	154	もう	154	りょうり（料理）	40
ホワイトボード	109	もういちど（一度）	72	りょこう（旅行）	94
ほう（方）	82, 154	もしもし	114	りんご	24
ほとんど〜ない	144	もっと	134	レストラン	52
ほん（本）	11	も（持）てます	94	れんしゅう（練習）	4
〜ほん（本）	50	**や行**		ロビー	40
ま行		やくそく（約束）	161	**わ行**	
マーカー	109	やさい（野菜）	151		
まいにち（毎日）	48	やさしい	21	わかりました	72
まえ（前）	63	やす（安）い	154	わすれます	104
まずい	21	やすみ（休）	62	わたし（私）	11
まっすぐ	72	やすみ（休）をとる	145	わるい	21
ま（待）ってください	72	やま（山）	42	をください	50

漢字の筆順一覧

＊「新しいことば」より抜粋。

ひろば1 （11ページ）

| 空(くう) | 港(こう) | | ｀ | 宀 | 空 | 空 | 空 | |
| 空(くう) | 港(こう) | | 氵 | 汒 | 汼 | 洪 | 洪 | 港 |

ひろば2 （21ページ）

教(きょう)	室(しつ)		土	耂	孝	孝	孝	教
教(きょう)	室(しつ)		｀	宀	宀	宏	宰	室
学(がっ)	校(こう)		⺍	兴	学	学	学	
学(がっ)	校(こう)		木	朩	朸	柿	校	校
韓(かん)	国(こく)		十	卓	剌	韩	韓	韓
韓(かん)	国(こく)		冂	冂	冃	国	国	国
中(ちゅう)	国(ごく)		丨	冂	口	中		
人(じん)			ノ	人				
階(かい)	段(だん)		阝	阝	阡	阽	階	階
階(かい)	段(だん)		厂	𠂉	𠃜	𠂆	段	段

170　ひゃくななじゅう

ひろば3 （31ページ）

漢字			筆順					
地(ち)	図(ず)		一	土	扫	坩	地	
地(ち)	図(ず)		丨	冂	冂	図	図	
山(やま)	手(の)て	線(せん)	丨	山	山			
山(やま)	手(の)て	線(せん)	一	二	三	手		
山(やま)	手(の)て	線(せん)	幺	糸	糸	約	綿	線
全(ぜん)	部(ぶ)		ノ	入	仐	仐	全	
全(ぜん)	部(ぶ)		亠	立	立	音	咅	部
朝(あさ)			十	卓	朝	朝	朝	
夜(よる)			丶	亠	疒	夜	夜	夜
入(にゅう)	場(じょう)	料(りょう)	ノ	入				
入(にゅう)	場(じょう)	料(りょう)	十	土	圹	坦	場	場
入(にゅう)	場(じょう)	料(りょう)	丷	半	米	米	料	料

ひろば4 （41ページ）

漢字			筆順					
寮(りょう)			宀	宊	宊	宓	寮	寮
洗(せん)	濯(たく)		氵	氵	汀	洗	洗	

洗(せん)濯(たく)
機(き)
掃(そう)除(じ)
掃(そう)除(じ)
料(りょう)理(り)
曜(よう)日(び)
曜(よう)日(び)

ひろば 5 （51ページ）

乾(かん)電(でん)池(ち)
乾(かん)電(でん)池(ち)
乾(かん)電(でん)池(ち)
歯(は)
本(ほん)
円(えん)

ひろば 6 （63ページ）

定(てい)食(しょく)

定食			入 今 仐 食 食 食
てい しょく			
休			ノ イ 仁 休 休
やす(み)			

ひろば7　(73ページ)

交番			﹅ 亠 六 亣 交
こう ばん			
交番			亠 平 来 番 番
こう ばん			
道			首 首 首 道 道
みち			
交差点			丷 丷 羊 圭 差 差
こう さ てん			
交差点			﹅ ト 占 卢 点
こう さ てん			
右			ノ ナ 右 右 右
みぎ			
待			夕 彳 行 待 待 待
ま(ってください)			

ひろば8　(83ページ)

遠			吉 吉 克 袁 遠 遠
とお(い)			
好			人 女 女 好 好 好
す(き)			
色			ノ ク 夕 夕 色 色
いろ			
赤			一 土 尹 方 赤 赤
あか			
青			一 十 圭 青 青 青
あお			

ひろば 9 （93ページ）

引 ひ(きます)			「	ㄱ	弓	引		
熱 ねつ			圥	坴	埶	孰	熱
薬 くすり			一	艹	甘	苩	蓽	薬

ひろば 10 （103ページ）

店 てん	長 ちょう		丶	亠	广	庁	庐	店
店 てん	長 ちょう		厂	厂	斤	匡	長	長
着 き	替 が(えます)		䒑	䒑	羊	羊	羊	着
着 き	替 が(えます)		一	二	夫	扶	替	替
注 ちゅう	文 もん		氵	氵	汁	注		
注 ちゅう	文 もん		丶	亠	ナ	文		
手 て	伝 つだ(います)		亻	仁	仁	伝	伝	

ひろば 11 （115ページ）

携 けい	帯 たい		扌	扌	扩	推	携	携
携 けい	帯 たい		一	卅	带	芇	帯	帯
電 でん	話 わ		言	訁	訐	訐	話	

近 ちか(く)			一	厂	斤	近	近	
丁 ちょう	目 め		二	丁				
丁 ちょう	目 め		丨	冂	冃	月	目	
行 い(き)			ク	彳	彳	行		

ひろば12　(125ページ)

会 かい	員 いん		ノ	人	亼	今	会	会
会 かい	員 いん		口	昌	員			
月 げつ			ノ	刀	月	月		
続 つづ(ける)			幺	幺	糸	紞	続	続

ひろば13　(135ページ)

回 まわ(す)			丨	冂	冋	回	回	回
踏 ふ(む)			口	甼	足	跙	跙	踏
危 あぶ(ない)			ノ	ク	产	产	产	危
気 き			ノ	厂	气	気	気	気
恐 こわ(い)			エ	功	巩	巩	恐	恐

ひろば14 （145ページ）

正 しょう	月 がつ	
違 ちが(う)		
覚 おぼ(える)		

一 丁 下 下 正 正

音 咅 훔 章 違 違

ツ 当 当 覚

ひろば15 （155ページ）

押 お(す)		
動 うご(く)		
年 ねん		
古 ふる(い)		
新 あたら(しい)		
安 やす(い)		
電 でん	気 き	街 がい
便 べん	利 り(な)	
便 べん	利 り(な)	

扌 担 押

二 亖 斬 重 動 動

ノ ト 느 乍 年 年

一 十 十 古 古

亠 立 亲 新 新 新

丶 宀 完 安 安

ク 彳 彳 徍 街 街

亻 亻 亻 伊 便 便

一 二 千 禾 利 利

代表者紹介

今井　幹夫（いまい　みきお）

1945年10月9日　生まれ。
1972年　早稲田大学大学院（文学研究科国語学専攻）卒業以後、
　　　　日本語教育の実践と研究に携わる。

日本語のひろば　第１巻

| 検印省略 | ⓒ 2002年３月20日　初　版　発　行 |

著　者　　「日本語のひろば」編集委員会
　　　　　　　代表　今井幹夫
協力・販売　㈲メディア・マネージメント
発行者　　原　雅久
発行所　　株式会社　朝日出版社
　　　　　101-0065 東京都千代田区西神田3-3-5
　　　　　電話(03)3239-0271
　　　　　振替口座　東京 00140-2-46008
　　　　　http://www.asahipress.com
　　　　　暁和／図書印刷

乱丁・落丁本はお取り替えいたします
ISBN4-255-00098-0 C0081

日本語のひろば

「日本語のひろば」編集委員会　著

日本語のひろば　第1巻　2500円
　　　別売CD（2枚組）　3200円

「第1巻」初級前半：指示表現　人称表現　形容詞表現　動詞表現　存在表現
　　　　　　　　希望表現　接続表現①　理由表現①
　　　　　　　　各種テーマ

以下執筆・編集進行中

日本語のひろば　第2巻　2500円（2002年6月刊行）
　　　別売CD（2枚組）　3200円

「第2巻」初級後半：接続表現②　理由表現②　仮定表現　受身表現　使役表現
　　　　　　　　各種テーマ

日本語のひろば　第3巻　2500円
　　　別売CD（2枚組）　3200円（予定）

「第3巻」中級前半：伝聞表現　目的表現　近接未来・過去表現他　各種の表現
　　　　　　　　各種テーマ

日本語のひろば　第4巻　2500円
　　　別売CD（2枚組）　3200円（予定）

「第4巻」中級後半：逆説表現　推量表現他各種の表現
　　　　　　　　各種テーマ

日本語をきちんと書く、話す、使いこなすために
日本語イディオム用例辞典　2800円
好評既刊

The Dictionary of Japanese Idioms
日语惯用语用例词典
일본어 이디엄 용례 사전

水谷　修　監修　／　日本語イディオム用例辞典編纂委員会　編

- 本邦初、新しい切り口「イディオム」にスポット。
- 実際に外国人に教えている日本語学校の先生による、生きた例文。
- 文字に不慣れな外国人にも、一目で分かるように見出し語にローマ字の読みを、漢字にはすべてルビを付記。
- 見出し語、参照語句あわせて約1600を収録。

＊編集上、多少内容が異なる場合もあります。ご了承ください。
＊表示価格はすべて税別です。

朝日出版社